ブックレット《アジアを学ぼう》42

下條尚志

戦争と難民

メコンデルタ多民族社会のオーラル・ヒストリー

風響社

図1　ベトナム、カンボジア地図

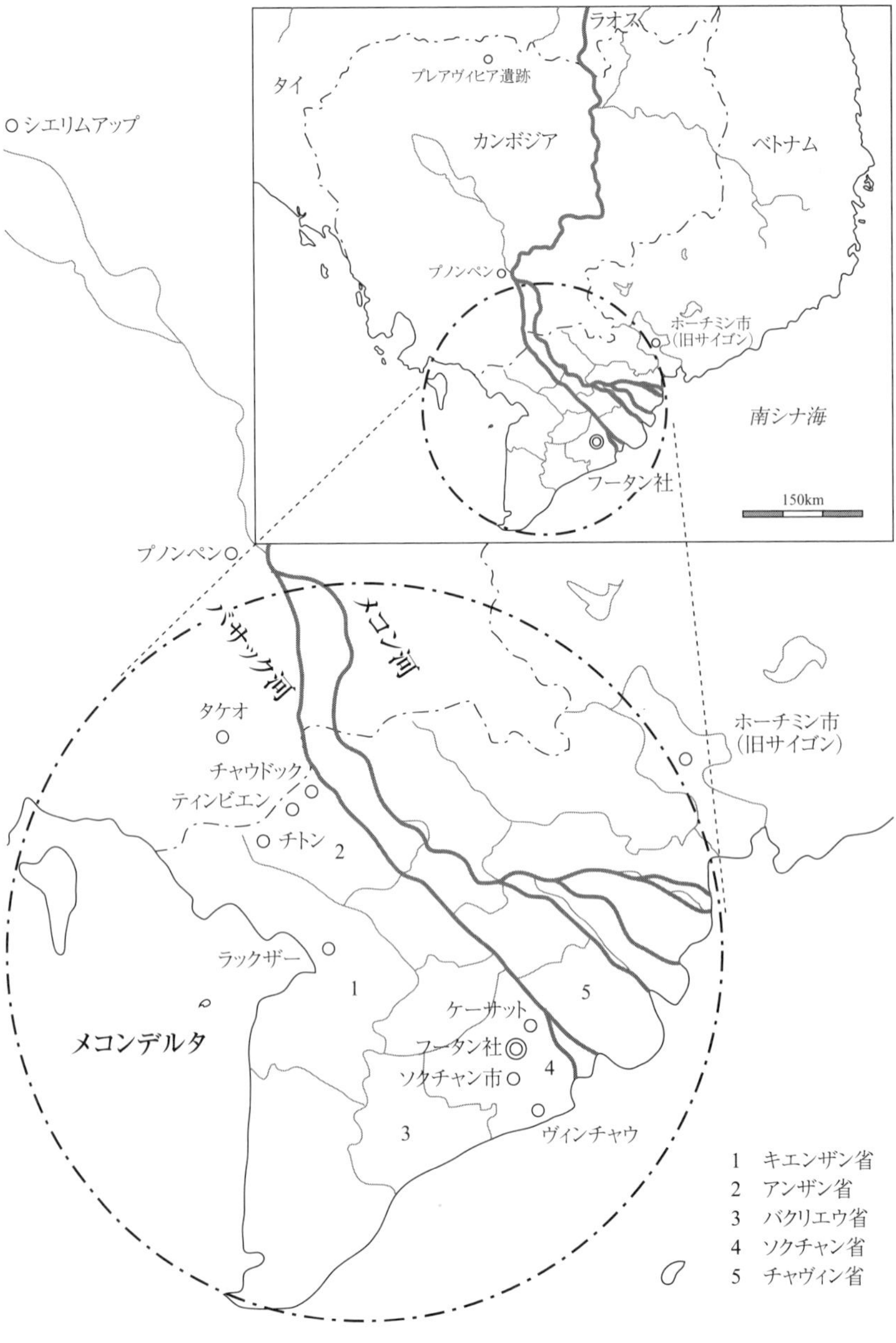

戦争と難民――メコンデルタ多民族社会のオーラル・ヒストリー

下條尚志

はじめに

チベット高原に源流を発するメコン河は、次第に川幅を広げ、ビルマ、タイ、ラオスの国境を隔てながら、緩やかに南方へ流れてゆく。カンボジアに入り、プノンペン付近に到達するとトンレーサップ河と合流するが、すぐにバサック河と分岐する。このメコン河とバサック河の濁流が堆積し形成された広大な低湿地帯は、メコンデルタと呼ばれる。現在その大部分はベトナムの領域内にあり、そこで二つの河川は南シナ海へ流れ込む。本書は、二〇世紀に長期にわたり政治的動乱を経験した、このベトナム南部メコンデルタにおける多民族社会の人々の移動をめぐる語りについて、考察するものである。

世界では、国境を越えて移動する難民をめぐって論争が絶えない。かれらは、紛争や迫害から逃れてきた亡命者なのか。それとも、貧しさから抜け出し、豊かで快適な生活を求めて祖国を去った経済移民なのか。このような論争は、かつてインドシナ（現ベトナム、カンボジア、ラオス）難民についても、同様に巻き起こっていた。ベトナム戦争を経て一九七〇年代後半にインドシナ諸国が一斉に社会主義国家となると、政治的、経済的理由により、海上経由で国外脱出を図るボートピープルや、陸路でタイへ逃れるランドピープルが急増した。この事態に直面した日本を含む国際社会は、かれらの受け入れとインドシナ諸国の政情をめぐって動揺した。いかなる混乱を背景に人々は祖国を去ることになったのか、当初伝わってきたのは、難民らの証言を通じて得られた断片的な情報で、誤解や偏見も少なくなかった。その後、社会主義政策による混乱と、ベトナムとカンボジア、中国の対立が難民を生み出したことが次第に明らかになってゆき〔Chanda 1986、古田 二〇〇九、古屋 二〇〇九〕、これらマルクス主義を掲げる国家間同士の一連の戦争は、ナショナリズムの起源をめぐる議論の重要な題材となっていった〔アンダーソン 二〇〇七〕。しかし、個々の地域社会がこの国民国家間の紛争にどのような影響を受け、いかなる経緯で難民を生み出すことになったのか、十分に検討されぬまま、インドシナの問題は世界の関心から消え失せていった。

本書は、今や過去のものとなりつつあるインドシナ問題に再び脚光を当て、そこで議論の焦点となっていた民族や国民国家という概念を地域社会レベルで検討し、戦争と難民という現代にも通じるテーマに一石を投じることを目的とする。なぜなら、インドシナ問題は、冷戦終結以後に世界各地で噴出している地域主義と、多民族社会が形成される紛争、難民発生の先駆けであったと考えられるからである。この問題を考えるにあたり、それを背景とするベトナム南部メコンデルタの一地域社会に焦点を絞り、一九世紀末から二一世紀までという長期的な時間軸のなかで生じてきた広域的な移動と地域社会の再編をめぐる人々の語りを分析する。人々はかれらのその困難な記憶と経験について、時に饒舌に、興奮した様子で、怒り、悲しみ、懐かしさが入り混じった表情を浮かべながら、語ってくれた。それら語りをもとに、経済的困窮や民族間・国民国家間の紛争を背景に、いかに国境を越えた範囲での人間の移動が起こり、民族や言語、宗教の異なる人々の接触の機会が生まれたのか、また新たな社会関係がどのように築き上げられ、地域社会が再編されてゆくのかを論じる。

筆者はメコンデルタ沿岸部ソクチャン省のフータン社（xã、行政村に相当）で二〇一〇年一二月から二〇一二年三月までの約一年三ケ月、単身で住み込み調査を行い、人々の語りを聞き書きした。ソクチャン省は、植民地化以前から、民族、宗教、出身地において多様な背景を持った人々が出入りし、相互に関わりあうなかで形成されてきた多民族社会である。特に、カンボジアでは多数派であり、メコンデルタに古くから住んできたと言われるクメール人と、中国沿岸部に起源を持つ華人(1)、そしてベトナムの多数派ベト（キン）人の混住が顕著に進んできた。国民国家の時代が到来した二〇世紀半ば以降、そこは、ベトナムとカンボジア、中国との国家間関係の影響を受けるようになり、時折、民族間の対立や迫害が起こり、国境を越えた人口の流出入が生じてきた。

ソクチャン省は、二〇〇九年の政府統計によれば、クメール人が約三九万七〇〇〇人、華人が約六万五〇〇〇人、ベト人が八三万一〇〇〇人いる。統計上ベト人が多数派を占めているものの、同省のクメール人人口はベトナムで最大、華人人口はメコンデルタで最大である［BCĐTĐT 2010: 134-225］。

このような人口構成を持つソクチャン省では、政治経済の領域においてクメール人や華人の存在は常に大きかった。たとえば、フランス植民地時代の一九〇四年に書かれたソクチャン省のモノグラフの中表紙（写真1）には、「ソクチャン」という地名が、ベトナム語でSóc Trăng、漢字で「滀綾」、クメール文字で ខេត្តស្រុកឃ្លាំង（khaet srok khleang）と記されている［Société des Études Indo-Chinoises 1904］。また、二〇一〇年にソクチャン市の中心部に掲げられていた共産党大会のポスターには、手前右に白いアオザイ（ベト人の民族衣装）、後ろ左からクメールの民族衣装、次にチャイナ服を着た女性が描かれている（写真2）。ソクチャン省では、過去から現代にいたるまで、三民族のバランスに配慮した統治が為政者に求められてきたのである。

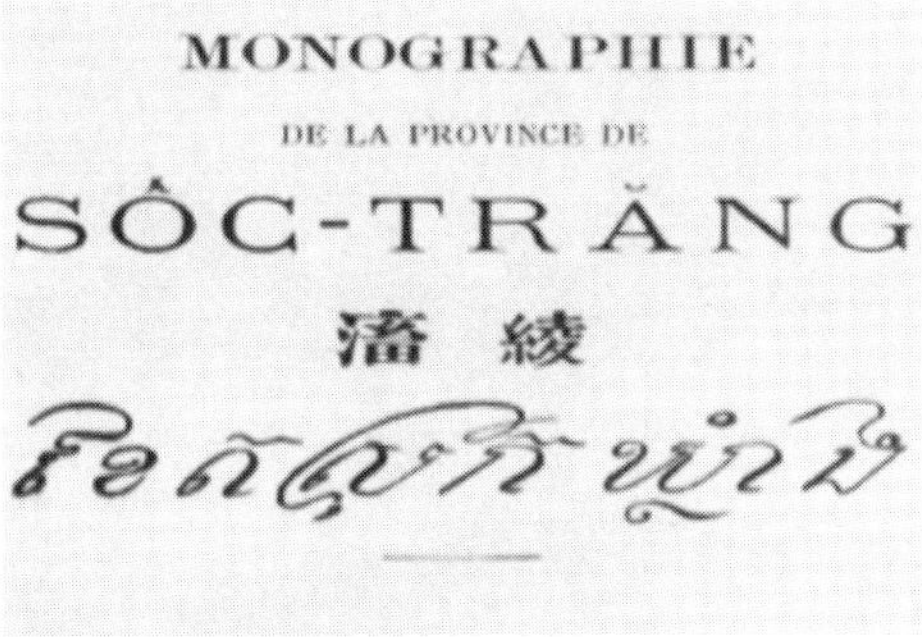

写真1　フランス植民地時代に書かれたソクチャン省の地誌の中表紙
（出所）［Société des Études Indo-Chinoises 1904］。

写真2　ソクチャン市で掲示されていた共産党のポスター

ソクチャン省の多民族社会は、一般的に流布しているメコンデルタのイメージと異なった様相を呈している。概してメコンデルタは、近代以降にベト人によって開拓されていった土地であることが定説になっている。この定説は、前近代から近代にかけ、南方に勢力を拡大し続けていた多数派ベト人が、現在のベトナム南部に勢力を築いていたクメール人や華人を凌駕しながら未開地を切り拓いていったという、ベトナムのナショナル・ヒストリー「南進（ナムティエン）」論と密接に結びついて議論されてきた[2]。こうした議論は、メコン河の洪水によって浸水してしまう、人間の居住が困難であった氾濫原地域の開拓をイメージして生成されてきたものである。メコンデルタは全体的に海抜が低く、起伏が少ない平野である。その土地の多くは、度重なる河川の洪水や海水の浸食の影響を受けやすく、フランスによる植民地開発以前は、農業に不向きで、人口は希薄であった。このような地域は、植民地化以降の開発によってベト人の入植が急速に進んでいったのである。

では、なぜソクチャン省ではクメール人が多く住み続けてきたのだろうか。図1のとおり同省と隣のチャヴィン省は、南シナ海に面し、バサック河（ベトナム名ハウ河）の流域に位置している（図1）。そこには、大河による堆積によって形成された沖積地で砂質土壌の微高地が点在しており、ベトナムの政治権力が及ぶ以前から、クメール語を話す人々が上座仏教寺院の周辺に住んでいたと考えられている。つまり、周辺地域と比べて海抜が微妙に高い土地は、浸水しにくく、植民地開発によってメコンデルタの環境が激変する以前から、既に人間の居住を可能にしていた。そこに暮らす人々は、ベトナムを除く東南アジア大陸部で広く信仰されている上座仏教の世界のなかに包摂されてきたのである。こうした歴史的経緯もあり、クメール人の多くから、メコンデルタは「下カンボジア」という意味で「カンプチア・クロム」と呼ばれ、かつてカンボジアの領土であったと考えられてきた。

　一方ソクチャン省の華人人口がメコンデルタで最大なのは、そこが中国沿岸部から東南アジア各地にかけて広がる海上交易ルート、さらにプノンペンをはじめ東南アジア内陸部の主要都市を結ぶ河川流域交易ルートの中継地点であったためである［Li 2005］。加えて、一七世紀に清朝の成立によって明朝の遺臣が入植してきたこと、一九世紀半ば以降のフランスの植民地開発や中国の政治的動乱を背景に、中国から多くの住民が移住してきたことも大きく関係している。ベトナム戦争中に書かれたモノグラフによれば、華人商人の商業活動は、一九五八年当時の南ベトナム全体における交易の八〇％を占め［Schrock et. al. 1966: 986］、一九六九年頃のソクチャン省[3]では、同省の総所得の三分の二を占めていた［Truong Văn Nam 1969: 26］。

　このように、ベトナムの国家領域の成立とベト人の開拓精神を結び付けたナショナル・ヒストリーに反し、ソクチャン省の多民族社会は、メコンデルタという地域が、国境を越えた世界と常に結びついて形成されてきたことを最も明確に映し出している。こうした地域的特徴を持つソクチャン省の一地域社会を例に、本書は、一九世紀末以降に生じてきたメコンデルタの人々の移動にまつわる問題について考えていきたい。

　本書の構成は次のとおりである。第一節では、異民族間の通婚によって混淆的な地域社会が形成されてきたフータン社の民族、言語、宗教の状況を説明する。続く第二節、第三節では、このような状況が形成されてきた背景を探るため、経済的困窮や民族間、国家間紛争による移動と地域社会の再編の歴史を検討する。そして第四節では、紛争の原因となってきたベトナム—カンボジアという二つの政治共同体の国境線について考えるため、両国を往来してきた人々の生い立ちや、国境を越えて地域社会に流入してくるモノやメディアの人々への影響を考察する。

一　混淆的な多民族社会

1　統計ではみえない「混血」の人々

一般的に、クメール人は古代インド文化の影響を強く受け、カンボジアの国教である上座仏教を信仰していると説明される。一方、ベト人は中華世界の影響を受け、大乗仏教や儒教、道教といった価値規範を享受してきたとされる。また中国から東南アジアに移住した華人は、異文化のなかにあって独自のコミュニティを形成し、父祖の伝統文化を維持してきたとされる。

このように民族を文化や宗教にもとづいて分類するという方法では、調査地フータン社の多民族社会を理解することはできない。というのも、人々が、可変的で多重的な民族帰属認識を持ち、複数の言語を操り、異なる宗教や文化をどちらも受容しているような状況が広くみられるからである。こうした点は東南アジア大陸部山地の民族論において既に豊富な議論が展開されており［片岡　二〇〇七］、近年カンボジアやソクチャン省の村落研究においても指摘されている［小林　二〇一一：三〇五―三七二、高田　二〇〇五、中西　二〇〇五］。ただし、東南アジア大陸部平地のクメール人や華人、ベト人という存在は、それぞれ国民国家であるカンボジア、中国、ベトナムという政治共同体との関連性のなかで議論されることがほとんどであるため、たとえその共同体の外縁部にいる人々であっても、既に確立された一般的な枠組みを基準に捉えられてしまうきらいがある。人々が、歴史のなかで国家の存在に影響されながら、自己の民族帰属認識を形成してきたことは否定できないが、本節では、一度そうした視点から距離を置き、日常生活における地域社会の混淆的な状況から、人々にとっての民族という問題を改めて考えてみたい。

まず、地域社会の混淆的な民族状況ついて説明しよう。ソクチャン省のなかでも筆者が調査を行ったフータン社は、省内の住民達の間で、クメール人や華人の要素が特に色濃い地域として知られていた。しかし、地方政府の統計では、人々の認識とは若干異なる結果が示されている。政府統計（二〇一一年）によると、フータン社の総人口は約一万四七〇〇人で、そのうちクメール人が七九％、ベト人が一九％、華人が二％を占めている。クメール人が多数派で、その次に多いのがベト人、華人は少数派である（表1）。なかでも、筆者が住み込んでいたQ村（ấp）は、九九％がクメール人で構成されていた。

統計的な観点からすれば、フータン社、なかでもQ村は「クメール人の村落」と言い切ることができるかもしれない。また、住民達の間で広まっている認識とは裏腹に、統計を見るかぎり、フータン社において華人は圧倒的に少数派である。だが、政府統計のみでこの地域社会の民族的状況を把握することには無理がある。というのは、実際に筆者が、フータン社Q村の一角である「ソムロン区」において調査を行うなかで、この地域社会の混淆的な社会としての特徴が見えてきたからである。

「ソムロン区」とは、筆者が調査を実施するために便宜上設定した区域であり、自然集落の範囲ではない。筆者はそこのとある一家庭に住み込み、その周辺に暮らす人々を対象に調査を行っていたが、近年の人口増加によって家々が密集するようになり、自然集落の外縁が曖昧になっていた。ここには、二〇一一年一二月～二〇一二年一月の時点において、計六六二人（出稼ぎなどで不在の住民を含めれば

1 混淆的な多民族社会

表1 フータン社の村別人口（2011）

村名	人口	民族別人口（単位：人）		
		ベト人	クメール人	華人
L	3,142	2,070	921	151
A	2,442	12	2,430	0
H	2,769	97	2,658	14
T	1,826	146	1,615	65
Q	1,799	11	1,778	10
P	2,671	433	2,220	18
総計	14,649（100%）	2,769（19%）	11,622（79%）	258（2%）

（出所）［Công Văn UBND Xã 2011a］を基に筆者作成。

七二三人）、一五九世帯が住んでいた。この区域の一角に、クメール語で「ソムロンの木々の外れにあるプノー（微高地）」と呼ばれる自然集落の名称が残っていた。

筆者は、この「ソムロン区」の各戸を訪問し、主に家主やその配偶者に対し、かれら自身やその両親、祖父母の民族に関する情報を得るため、「あなたの民族は何ですか?」と尋ね回った。それによって判明したのは、統計では計り知れない複雑な民族帰属認識が人々の間に存在していたことであった。

現在のベトナム政府が規定する民族別の統計では、クメール人は「クォメー」、華人は、「ホア（華）」、ベト人は「キン（京）」と分類される。クメール人はまた政府の文書等で、国民国家カンボジアの多数派クメール人とは異なる国民国家ベトナムに属する「南部のクメール」人という意味で、ベトナム語で「クォメー・ナムボ」とも書かれることがある。しかし、フータン社一帯では、それら公的な名称以外にも、日常会話において様々な民族名称が使われていた。たとえば、クメール人は、よりクメール語らしい発音である「クマエ」はもとより、カンボジアのメコンデルタに対する名称である「カンプチア・クロム」とも呼ばれていた。ベトナム語のカンボジア（クメール）人への伝統的な名称であり、現在ベトナムでは蔑称とされる「ミエン（Miên、棉）」という名称も使われていた。華人は、クメール語の「チェン（Chen）」や、ベトナム語で「船」を意味する「タウ（艚《そう》）」、「潮州」の頭文字を取った「ティウ（潮）」という名称が広く使用されていた。ベト人は、現在カンボジアでは蔑称とされている「ユオン」、ないしは単に「ベト（越）」とも呼ばれていた。

住民達は、クメール人、華人、ベト人という民族範疇について言及する際、しばしば「混血」、「混淆」を意味するベトナム語の「ライ」という言葉、あるいは「純粋」、「生粋」を意味する「ソット」（クメール語）、「ガット」（ベトナム語南部方言）という言葉を付け加えていた。たとえば、本人や他者の民族認識について尋ねると、「華人と混血のクメール」、「クメール人と混血のベト人」、「純粋なクメール人」といった回答が、しばしば返ってきた。一方で、

1　混淆的な多民族社会

表2　ソムロン区395人を対象とした民族に関する調査

血縁上の民族	人口	登録上の民族
純粋なクメール人	218	クメール人：218人
クメール人、ベト人との混血	14	クメール人：13人 ベト人　：1人
クメール人、華人との混血	156	クメール人：154人 華人　：2人
クメール人、ベト人、華人との混血	5	クメール人：3人 ベト人　：2人
ベト人、華人との混血	2	クメール人：2人
計	395	計395

（出所）筆者調査。

クメール語で「混血」を意味する「カット」という用語はあまり使われていなかった。

統計による民族分類では、こうした、地域社会の多様な「混血」概念のパターンが見えてこない。筆者がソムロン区の三九五人を対象に民族帰属認識について尋ねたところ、登録上では三九〇人がクメール人、二人が華人、三人がベト人であったが（表2）、三九〇人のクメール人のうち、一七〇人は、直系親族である両親や父方、母方の祖父母、曾祖父母のなかに、クメール人のほか、少なくとも一人の華人やベト人がいた。住民の大半は本人から祖父母の世代までの系譜しか認識しておらず、本人が自身を「純粋なクメール人」であると認識していても、本人の両親が「混血」であることを認知している場合が少なくなかった。したがって、人々の民族的な「混血」状況を量的に把握しようとする試みには、限界があった。

2　多元的な言語

次に言語状況について紹介すると、多民族社会であるフータン社では、多くの人々が、クメール語とベトナム語のバイリンガル、ないしは中国語もできるトリリンガルであったが、場所によって使用される言語の比重が異なっていた。フータン社を横切る省道（写真3）に立ち並ぶ雑貨屋、カフェ、ガソリンスタンド、精米工場などを営む住民達は、省道を行き交う人々と接する機会が多いためか、ベトナム語を使う人が多かった。一方、ソムロン区が位置するQ村のように、省道から離れ、農業を生業とする住民の比重が高い農村部（写真4）の方へ行けば行くほど、クメール語を使う住民が増えていった。一方、フータン社と隣のフータム社の行政境界線にあるユントム市場の周辺（写真5）では、ベトナム語のほか、中国語（潮州語や広東語）を使う人々が暮らしていた。もっとも現在では、中国からやって来た一世代目の華人の多数は既に亡くなり、日常生活において中国語を使う住民は少数派になっている。

現地の人々はしばしば「クメール人は農民」で、「華人とベト人は商人」と話す。その説は、確かにフータン社の言語状況に一致しているようにも思われる。政府統計（表1）では、Q村のように、その領域全体が農村部で、ユントム市場から離れた村では、クメール人の比率が圧倒的に高い。一方で、ユントム市場に近いL村やP村は、

写真3　フータン社を横切る省道

写真4　農村部の景観

写真5　ユントム市場の様子

ベト人、華人の比重が高い。しかし、クメール語とベトナム語の言語能力や使用頻度は、居住場所のほか、年齢や職業、学歴、経験によっても異なっていた。たとえば、クメール人であることを自認する住民であっても、農村外の世界と接してきた人民委員会（役場に相当）の役人や公安警察、学校教員、元兵士、また行商人や工場労働者、ベトナム都市部への出稼ぎ労働者は、ベトナム語に精通している人が多数いる。一方で、自己の認識、登録上の双方においてベト人や華人であっても、ソムロン区のような農村に暮らしている人は、クメール語を日常的に用いている。

農村部において、フランス植民地時代の一九四〇年代以前に生まれた高齢者は、ベトナム語による公教育を受けず、クメール語のみの世界に生きてきた人が多かった。一方で、国民国家ベトナムが成立した一九五〇年代以降の生まれでベトナム語による公教育を受けた人は、ベトナム語を問題なく使いこなしていた。ただし、それはクメール語訛りのベトナム語であり、都市部の住民達からしばしば嘲笑や侮蔑の対象となって、「民度（dân trí）が低いクメール人」というステレオタイプを生み出している。もっとも、近年フータン社の若年層は、両親の教育方針や高学歴化、またテレビの影響によって、クメール語よりもベトナム語の方を日常的によく使い、都市部の住民と遜色ないベトナム語を話す者も少なくなかった。

3　複数の宗教活動の許容

では、地域社会の宗教は、多民族社会のなかでどのように受容されているのだろうか。

フータン社には、前近代ベトナムのグエン朝の政治権力が及ぶ以前から、二つのクメール系上座仏教寺院、ブオン寺（一五三七年建立、写真6）とチャンパー寺（一六七六年建立）があった。植民地時代初期の一八九五年には、華人廟の「天后廟」が建立され、ベトナム戦争中の一九六八年には、大乗と上座部を融合したという「乞士派」と呼ばれる新仏教の寺院、また二〇〇七年、二〇〇九年には二つのベトナム系大乗仏教寺院（写真7）が建立されている。

写真6　ブオン寺

写真7　大乗仏教寺院「福順浄室」

これらの宗教施設のなかで、上座仏教寺院のブオン寺とチャンパー寺は、その長い歴史もあって、敷地の広さ、僧侶の人数、年間の祭祀儀礼の盛大さ、それに参加する在家信者の数において際立っていた。

省道からはずれた農村部に位置するこの二つの寺では、おおよそ一〇〜三〇人ほどの僧侶（比丘）および見習い僧侶（沙弥）が止住していた。上座仏教では出家と還俗のサイクルが激しく、また僧侶が修行を目的に頻繁に他寺院へと移動するため、出家者数の変動が著しい。僧侶は満二〇歳以上の男子で、二二七戒を守ることを義務付けられている。見習い僧侶は満二〇歳に達していない男子で、十戒を守らなければならない。上座仏教寺院では一時出家の慣行があり、ソムロン区での調査では、満二〇歳以上の男性二〇〇人中出家経験者は四七人で、その出家期間は最短一ケ月から最長一六年までであった。出家は、民族を問わず、住職の許可と地方政府の追認を得られればいかなる男性でも可能であった。

主な出家理由としては、「積徳」と呼ばれる、現世ないしは来世に幸福をもたらしうる行為の蓄積という考え方が挙げられる。人々は積徳に相当する行為の実践を通じて、たとえば来世において富裕者として生まれ変わることを期待する。寺院のサンガ（出家者集団）に食事や物品、金銭の喜捨を行ったり寺院の建立・修繕費を出資したり、各種儀礼に参加したり、貧者を救済するなど、様々な行為によって徳は累積されていくが、徳を積むための最善の手段の一つは出家であると考えられており、出家という行為を通じて、本人のみならず、父母などにも徳を転送できるとされていた。カンボジアと違い、クメール語が公的教育言語ではないフータン社では、出家者はまず寺院においてクメール文字を学ぶ。その後、クメール文字で記されたパーリ語経典などを通じ、仏法を正しく理解・解釈する知識を身に付け、世俗の在家信者に向けて読経し、説法する力を習得していく。

上座仏教寺院で行われる各種儀礼に参加する在家信者は、クメール人のみならず、華人やベト人、あるいは「混血」を自認する人々が少なくなかった。各寺院には、経済援助を行い、寺の建設・修繕等に関する相談役も務める「ニョムワット（寺の庇護者）」と呼ばれる役職者が一〜二人いたが、かれらは皆自身が「華人とクメール人の混血」であるという認識を持っていた。上座仏教寺院のブオン寺の唯一のニョムワットは、父がフータン社出身の「純粋な華人」であり、またチャンパー寺のニョムワットの一人も父が中国出身者（出身地域不明）、同寺のもう一人のニョムワットは、父方祖父が中国潮州出身者であった。ニョムワットを務めていたこれらの住民達は、広大な土地を持っていたり、海外に移住した子供達から経済支援を受けるなど、地域社会において富裕層に属していた。

「華人とクメール人の混血」で、自身の民族帰属認識に揺れが見られる住民達は、上座仏教寺院のみならず、しばしば省道沿いのベトナム系大乗仏教寺院を訪れ、熱心に供物や金銭を喜捨したり、掃除など寺の様々な日常業務の手伝いに励んでいた。かれらは、クメール語に精通しているものの、大乗仏教寺院の敷地内では、住職や他の在家信者とベトナム語を用いて会話していた。

大乗仏教寺院にはそれぞれ一人の僧侶が止住し、住職を務めていた。大乗仏教寺院の一つ「福新浄室」の住職は、メコンデルタ最南端のカーマウ省出身で、本人によれば「華人をルーツとするキン人」であった。彼はホーチミン市にある仏教学院で学んだ後、二〇〇七年に新設されたこの寺院に招聘された。この寺が建立されたのは、ベト人、クメール人双方が訪れることができるような寺が必要とされたからであるという。もう一つの大乗仏教寺院、「福順浄室」の住職は、一九四四年生まれで、フータン社T村の農民の出身であり、最近まで在家信者の立場にあった。彼の父方祖父は潮州系の華人、母方祖父はベト人、父方、母方祖母はクメール人であったという。クメール語を流暢に話し、かつてはクメール系上座仏教寺院にも在家信者として通っていたが、上座仏教では義務付けられていない大乗仏教の菜食の実践を望んだため、大乗仏教寺院を二〇〇九年に自ら建立し、その住職となった。これら大乗仏教寺院の参詣者は、主に地元の「華人とクメール人の混血」住民で、寺院の敷地のなかではベトナム語、クメール語両方が使われていた。

4　民族をめぐる自他認識

以上で見てきたように、フータン社では、クメール人、華人、ベト人という民族ラベルのほか、それらを相互に結び付ける「混血」という概念が広く使われていた。最後に、こうした地域社会において、人々は、どのような経験を持ち、自身の民族的帰属をどのように認知しているのか、また他者はいかに「混血」の人々を認識しているのかについて、以下四つの事例から検討してみたい。なお、本書では、プライバシーに配慮して個人名はファースト・ネームのみ記載し、かつカタカナで表記している。

事例①　登録上クメール人となっているベト人

フータン社ソムロン区には、血縁上はクメール人ではなく、周囲からベト人として認識されているものの、生い立ちや生活環境によって登録上ではクメール人となっている兄妹がいた。ソクチャン省ケーサット[4]県出身のかれらは、自身を「華人と混血のベト人」であると認識していた。兄妹の実父（「純粋なベト人」）は、ベトナム戦争中に南ベトナム兵士として徴兵され、戦死した。その後、実母（「華人と混血のベト人」）は、フータン社に隣接するフータム社の実家にもどり、一九七五年にソムロン区の「華人と混血のクメール人」男性と再婚した。かれらは、ソムロン区で彼の継父と共に生活することになり、幼少期からクメール語を話す環境のなかで過ごしてきた。現在兄のオアンは、「純粋なクメール人」の女性と結婚し、現在も日常生活においてクメール語を用いている。ソムロン区に在住する実妹ニャン（一九七〇〜）も、同区出身の「華人と混血のクメール人」男性と結婚し、日常的にクメール語を話していた（オアン、一九六五〜、男性、賃労働者、二〇一一年一一月二二日他）。

オアンとニャンの兄妹は、聞き書きのかぎり、直系親族内にクメール人はいなかったが、ソムロン区の生活環境のなかで長期間生活し、地域社会に適応してきたために、登録上はクメール人になっている。

事例②　上座仏教徒として生きてきたベト人

自身の民族帰属認識はベト人であったが、上座仏教徒として地域社会やカンボジア社会と関わってきた人もいた。フータン社H村に住み、フータン社において住民達に医薬品を処方し、売り歩いていたナムは、父がベト人、母がクメール人の「クメール人と混血のベト人」であった。父方祖父母は両方ともベト人、母方の祖父母の民族は、かれらが早逝したため、不明であるという。ナムは一九六五年頃にチャンパー寺で出家し、クメール文字とパーリ語の学習に励んだ。出家期間中、パーリ語を学ぶためにカンボジア国境を越え、プノンペン近郊の農村にあった寺院で約二年間止住したことがあった（ナム、一九三七〜、男性、補助医師、二〇一一年八月三一日）。

ナムは、父方の直系親族がベト人で、本人の民族帰属認識もベト人であったが、出家という経験を通じて、地域社会からカンボジアまで広がる上座仏教やクメール語の世界のなかで生きてきた。

事例③　二つの民族的帰属の間で揺れる住民

華人とクメール人という二つの帰属認識の間で揺れる住民もいた。筆者のホスト・ファミリーの世帯主であったソムロン区のトンもその一人である。トンの父ウアは潮州出身で一九一〇年代半ばに一一歳でフータン社にやって来た華人、母は「純粋なクメール人」であった。フータン社H村の省道沿いの生家で育ったトンは、亡き父とは潮州語かベトナム語で会話し、ユントム市場近くの中国語学校で漢字を学んだこともあった。しかし、現在、潮州語はほとんど忘れ、自身が築いた家族とはクメール語で会話し、勤め先のフータン社人民委員会ではベトナム語を話していた。彼は上座仏教寺院のブオン寺で四年間出家した経験があった。自身を華人と称する時もあれば、クメール人と述べる時もあったが、妻（「華人と混血のクメール人」）や子供達からは一様に華人と認識されていた。実際、トンは自身の民族を華人として登録していた（トン、一九五五～、男性、フータン社幹部、二〇一一年一二月二三日他）。

トンのように、父が華人であった者は、たとえクメール語を日常的に話し、上座仏教寺院で出家経験を持っていたとしても、周囲からは華人としてのレッテルを貼られる傾向があった。彼自身も亡き父との関わりのなかで理解した、華人としての家族のあり方や儀礼についての規範意識を、筆者に説明することがあった。その一方で、既に潮州語を忘れ、クメール語や上座仏教の世界のなかで過ごしてきた現実もあり、自身の民族帰属認識についての発言にはぶれがあった。

事例④　民族の登録をめぐる混乱

認識上および登録上の民族について、本人が考えているものと、他者が考えているものとの間に、認識の齟齬も見られた。事例③のトン家と同居している末娘夫婦に男児が誕生した時のことである。筆者がトンと末娘ミーリンに男児が何民族なのか尋ねたところ、かれらは男児はベト人であり、登録上もベト人であると答えた。その理由は、末娘の夫プーンがベト人であるからということであった。その後、プーンに男児の登録上の民族について尋ねたところ、今度は男児がクメール人であると答えた。彼によれば、クメール人として登録すれば、政府の少数民族優遇制度の恩恵を受けられることを知っていたため、社の人民委員会ではクメール人として登録したという。筆者とプーンの会話に居合わせたトン一家は、プーンが男児をクメール人として登録した事実を初めて知ったという様子を示していたが、さほど気にも留めていなかった。男児の父親であるプーン自身は、トンの家庭ではクメール語を使用しているものの、実家では主にベトナム語で両親と会話していたため、トンや末娘からはベト人として認識されていた。しかし、プーン本人に自身の民族を直接尋ねてみたところ、父が「純粋なクメール人」で、母が「クメールと混血の華人」であるため、自身は「混血」であるが、民族はクメール人として登録されていると答えた。二〇一六年現在、トンの家族は、将来の学業や就職に支障がないようにとの理由で、男児とベトナム語でコミュニケーションを取っている（トン一家、二〇一一年一二月八日他）。

フータン社では近年、ミーリン、プーン夫妻のように、選択的に子供をクメール人として登録する夫婦が増加している。背景には、貧困世帯が多いとされるクメール人を重点的に、政府が学校教育における学費免除や、貧困世帯に対する生活費等の支援を行っていることがある。つまり、政府からの経済的支援の恩恵にあずかろうとする人々が増えているのである。その一方で、ソムロン区のようにフータン社のなかでも特にクメール語が広く使われてきた地域であっても、将来を案じて、子供達とベトナム語でコミュニケーションを取ろうとする若い夫婦世帯が増えつつあった。

以上、四つの事例を見てきたが、これらは次のことを示していると考えられる。すなわち、第一に、登録上の民族と本人の民族帰属認識にはしばしば齟齬があること、第二に、登録上の民族は本人や親の意図によって選択されていること、第三に、言語や宗教は必ずしも民族的帰属を決める条件になっていないこと、第四に、住民の民族的帰属については時に本人の家族さえ明確に認知していないこと、第五に、地域住民によるベト人と華人の混同が見受けられることである。

政府統計に反映された登録上の民族は、国家政策の影響を受けて住民達によって選択されたものであり、現実の民族の可変性や曖昧性、重層性が削ぎ落とされたものである。とりわけ「混血」であることを強く自認している人々は、時や場所、会話の相手によって自身の民族について曖昧に答えたり、違う答えをしてみたりすることがよく見受けられた。さらに、他者への民族に関する認識は、過度に一般化された人種や職業、宗教に関するステレオタイプに依拠している場合があった。たとえば、クメール人は肌が「色黒」で「農民」、「上座仏教徒」、一方で華人やベト人は「色白」で「商人」、「大乗仏教徒」といった言説が流布していた。住民達によるこうした二項対立的な分類が存在していることに加え、現在では華人であることを自認する住民のほとんどがベトナム語を話すこともあって、ベト人、華人という民族ラベルは、住民達によって混同されることが多かった。しかし、このような他者の民族に対する人々の認識は、実際に本人が抱えている民族帰属認識や価値規範意識と食い違いが生じていることが頻繁にあった。自己の認識において華人やベト人であっても、クメールの伝統文化と考えられている上座仏教を受容している住民はおり、またその逆のパターンもあった。

筆者は、民族が近代国家の構築物であり、およそ実体がないという主張を展開しているわけではない。フータン社の住民は、多重的かつ変動的な民族帰属認識を抱えつつ、「純粋」、「混血」という概念や職業、宗教を基準とした民族分類を用い、自己と他者との差異化を日常的に行っている。ここで重要なのは、このような本質主義的な民族をめぐる認識が、過去の民族間、国家間の対立にまつわる住民達の説明にも反映されていることである。さらには、人々が父母や祖父母の世代までの民族については記憶・伝承しているように、三世代にわたるおよそ百年という短い時間のなかで、異なる民族帰属認識、言語、宗教を抱える人々が、フータン社という小さな地域社会で接触してきたことである。これらのことを、次節以降で詳述したい。

二　弱者を受け入れてきた地域社会

1　輸出米生産の拡大による在来住民と移民の接触

前節では、地域社会において生成されてきた民族や言語、宗教における混淆的な状況を述べたが、このような地域的特徴は、いつから、どのようにして形成されてきたのだろうか。フータン社が位置するソクチャン省は、早くも一八世紀には東南アジアの海上・河川交易の中継点として繁栄し、植民地化以前から多民族社会が形成されてきた［Li 2005］。しかし、異民族間の混淆が顕著に進んだのは、一九世紀後半に始まるフランス植民地統治以降である。度重なる河川の増水と海水の浸入により農業に不向きであったメコンデルタは、植民地政府主導で運河の掘削が進められ、居住可能地、可耕地が拡がり、新天地を求めた移民が増加していったのである。

表3は、仏領期コーチシナ（現在のベトナム南部にほぼ相当）に属していた一八九四年、一九〇四年、一九一三年のソクチャン省におけるベト人（原文 Annamites）、クメール人（原文 Cambodgiens）、華人（原文 Chinois）の人口である。約二〇年間で、三民族の総計人口は、約六万七〇〇〇人から約一三万四〇〇〇人まで増加している。表3でベト人、

表3　仏領期ソクチャン省における主要3民族の人口推移（単位：人）

	1894年	1904年	1913年
ベト人	32,952	57,000 1)	76,800
クメール人	29,337	38,000 2)	50,100
華人	4,871	10,000	7,200
計	67,160	105,000	134,100

（出所）[Baurac 1894: 363; Société des Études Indo-Chinoises 1904: 73; 高田 2014: 141]。
1）原著では、「ベト人、あるいは華人と混血のベト人」と記載されている。
2）原著では、「クメール人、あるいは華人と混血のクメール人」と記載されている。

クメール人は倍前後の増加だが、華人の人口は増減している。しかし、一九〇四年統計では、ベト人、クメール人の項目に「華人と混血（原文 métis-chinois）」が含まれており、華人の増加は、「華人と混血」のベト人やクメール人という形態で表れている。一八九四年、一九一三年の統計では、「華人と混血」という分類が、ベト人、クメール人に統合され、見えなくなっているのである。一九〇四年から一九一三年の華人人口の減少はこの統合がより進んだためと見てよいだろう。前節で論じたフータン社の民族状況も鑑みれば、それぞれの民族が、相互間の接触なく別々の地域社会を築いていったと考えるよりむしろ、「混血」化の過程を経ながら、増加していったと考える方が自然である。

当時のコーチシナ西部の人口増加要因として、高田洋子は農業開発を背景に、コーチシナ中・東部諸省から農民が流入したことを指摘している［高田 二〇一四：一四〇］。それに加えて考えられる人口の増加要因は、籾米を農村から買い付け、流通させる米穀商人や精米業者の集まる市場町や都市の発達である。(5)

たとえば、フータン社と隣のフータム社のちょうど境目にあるユントム市場周囲には、小さな市場町が形成されている。ここに華人廟の「天后廟」があるが、聞き取りによれば、天后廟は植民地時代初期の一八九五年に建立され、華人の寄合の場所となってきた。ユントム市場周囲に形成されてきた市場町では、潮州系、広東系の華人が多数定着し、米穀商人や精米業者、商店経営者として、クメール系上座仏教寺院周辺の農村に暮らす住民達と関わるようになっていった（フータン社の住民複数、二〇一六年一月九日他）。

もっとも、移住してきた華人は誰もが商人になったわけではない。仏領期フータン社周辺地域に残されていた未耕地は、農村部の在来住民のみならず、新たに移住してきた華人によっても開拓されていたからである。現在のフータン社T村には、クメール語で「華人の畑（チョムカー・チェン）」と呼ばれる地名が残っている。その名称は、かつてそこが無主地で開拓が自由であったため、多数の華人が移住したことに由来しているという（パエ、一九六二〜、男性、カフェ経営、二〇一二年二月二四日他）。

在来の住民と結婚し、半農半商として生計を立てる華人もいた。たとえば、筆者が住み込んでいた家庭の主人トンの実父ウア（一九〇三〜一九七九）の事例が挙げられる。

ウアは中国潮州の貧しい農民出身であった。ベトナムに渡って一時帰郷していた叔父とともに、一九一〇年代半ば、一一歳の時にフータン社に移住した。それは、故郷の貧困から脱し、十分に生活できる環境へ移動するためであった。その後、ウアの兄弟も故郷の両親を残して続々とやって来た。最終的に故郷の両親は離婚し、父親だけが子供達を頼って移住し、やがて現地のベト人女性と再婚した。

ウアは当初、同じく中国からやって来て財をなした華人の地主の下で、農業賃労働者として働いていた。やがてH村の省道沿いの自宅で日用雑貨店を経営し始め、小作農への金貸し業も行いつつ、六・五ヘクタールほどの農地を所有するようになった。ウアには妻が二人いた。うち一人はトンの母（「純粋なクメール人」）で、インドシナ戦争期に激戦地であったソクチャン省ケーサット県からフータン社へ避難してきた難民であった。ウアは、クメール人の儀礼にも華人の儀礼にも参加していた。上座仏教寺院ブオン寺のニョムワット（寺の庇護者）の役職も務め、寺院に経済支援を行っていた（トン、一九五五〜、男性、フータン社幹部、二〇一一年一一月二三日他）。

このウアの生い立ちから、新たに移住してきた華人間の広域的な親族関係、異民族間の通婚関係、また半農半商の華人と在来農民のクメール人との間で成立していた経済的、宗教的関係が見て取れる。

なぜ、ウアは、華人のみならず、在来住民と深く関わる必要があったのであろうか。これには、植民地時代における輸出米生産の拡大による農地獲得ブームが背景にあった。移住者が農地を集積するには、在来のクメール人有力農民と姻戚関係を結ぶか、かれらから農地を買い取る必要があったのである。

たとえば、かつてソムロン区に在住していた、フータン社の旧地主リエム（一九一七〜二〇〇五）の事例が挙げられる。リエムは、一九七五年の南北ベトナム統一以前、二〇〇〜三〇〇ヘクタール規模の農地を所有し、フータン社最大の在村地主であったと言われている。彼の生い立ちは、大土地所有の形成過程が、異民族間の通婚関係と関連していたことを明確に示している。リエムの長男フンをはじめ、ソムロン区の住民達の証言に基づき、リエムの生い立ちを以下にまとめる。

リエムの父は、一八九〇年代に中国広東からフータン社周辺地域へ移住してきた華人であった。住居や資金もなく無一文であったが、同郷の華人の支援を得て、農地を獲得してゆき、やがて三〇ヘクタールもの農地を所有するに至った。リエムの母はフータン社出身の華人であった。リエムは、A村の省道沿いにある家で生まれ育った。彼は人々によって華人と認識されていたが、上座仏教と接し、仏領期にはフータン社チャンパー寺で数ケ月出家した経験があり、日常的にクメール人達と関わっていた。

一九三六年頃、リエムは、ソムロン区のクメール人有力農民の末娘ケットと結婚し、その後妻方の生家の近くに居を構えた。妻の父オア（推定一八八〇年代〜一九四〇年代）は、地域住民に無償で伝統薬を処方する伝統医であった。リエムは、計画性のある人物であったため、どの住民もリエムに物事を相談したり、子弟をリエム一家の人間と結婚させたがった。その昔、フータン社の住民は、華人と結婚すれば、幸せになれるという観念があったが、それは、華人が生活に関わる問題について知識があり、あらかじめ物事をよく考えることができるとみなされていたからであった。実際、リエムは仏領期に売り出されていた土地を買い集め、インドシナ戦争中に逃れてきた難民を小作農として雇い入れ、二〇〇～三〇〇ヘクタールの農地を持つ大土地所有者に成長した。前述の華人ウアも、一時リエムの下で農業賃労働者をしていた。ウアは同郷者、つまり中国出身者ということで他の労働者よりも賃金を優遇してもらっていた。

仏領期、リエムは、妻の実兄カエット（一九一三～一九九四）とともに、社の役人を務めていた。三七歳の時（一九五四年頃）には、ブオン寺のニョムワットの役職を引き受け、二〇〇五年に亡くなるまで終生その任にあった。リエムは周囲から華人として認識されていたが、家庭内では普段クメール語を使っていた。上座仏教寺院に関わり、周囲のクメール人達と接していたことから、自身をクメール人のように認識していたという（フータン社の住民、二〇一二年二月二四日他）。

このリエムの生い立ちから、一九世紀後半以降におけるメコンデルタ全体の輸出米生産の活況を背景に、中国からの移民やその子弟が、現地の有力農民と積極的に関わりを持ち、財を築き上げていった過程が見て取れる。一方、現地の農地所有者達も、クメール人よりも経済活動に関する知識を有しているとみなされていた華人との縁組を望んでいたと言える。

メコンデルタ全体における輸出米生産の拡大によって、中国からの移住者やその子弟と、現地の農地所有者の経済的利害関係が一致し、双方間の通婚が進行していった。リエムは、フータン社一帯において最大の在村地主、役人、そして世俗的な立場からの寺の庇護者として、権力、権威を確立していった典型的な事例である。寺の庇護者、すなわちニョムワットは、本来は経済的に富裕かつ「正直者」とみなされた複数の有力者が引き受ける役職であり、存命中に交代する場合もある。しかし、リエムと彼の妻方親族は、寺院への寄進が飛び抜けて多かったため、一族の尊称としてニョムワットと呼ばれていた。

中国から越境してきた華人が、在来社会の反発を受けずに農地を取得、拡大し、経済力を確立していくためには、在来のクメール人達と姻戚関係を構築することに加え、地域の信仰対象である寺院に積極的に関与し、上座仏教徒としての威信を高めていく必要があった。これは、次第に華人が、クメール人のように振る舞い、行動するようになっていく過程でもあった。現ソムロン区において「華人と混血のクメール人」が特に多い理由は、こうした歴史的背景から説明することができよう。

2 インドシナ戦争下の民族間対立

ただし、華人＝移民、クメール人＝在来住民という二分法的な観点で地域社会の歴史をすべて語ることには無理がある。というのも、現在のフータン社において、クメール人と分類され、またそれを自認する住民達の多くも、遠方から移住してきた移民か、その子弟であるからである。フータン社は絶え間なく人口の流出入があった地域であり、在来者は、あくまである時点にやって来た移民への相対的な関係を示す概念に過ぎない。

人口の流出入をもたらした要因として、経済的な要因以外に、戦争が挙げられる。この地域は、インドシナ戦争（一九四六～一九五四年）、ベトナム戦争（一九五四～一九七五年）、またベトナムのカンボジア侵攻（一九七八～一九七九年）と中越戦争（一九七九年）の影響を受けた。ここでは、特にメコンデルタ全域で、他県、他省への大規模な難民の越境をもたらしたインドシナ戦争に焦点を絞って考えてみたい。

インドシナ戦争は、ベトナムにおいて共産党の指導者ホー・チ・ミンを中心に一九四一年に結成されたベトミン（ベトナム独立同盟会）と、インドシナでの既得権益を確保しようとしたフランスとの間で生じた。一九四五年三月の明号作戦によってインドシナからフランスを排除した日本軍は、同年八月に連合軍に降伏した。すると、ベトミンは各地で一斉に蜂起し、日本軍と同軍に擁立されていたグエン朝最後の皇帝バオダイから権力を奪取、ベトナム民主共和国を建国した。しかし、間もなく、フランスはインドシナに再上陸し、再植民地化を図ってベトミンと交戦し始めた。フランスは、一九四九年に、既に退位していた旧皇帝バオダイを擁立しベトナム国を建国、ベトミンに対抗した［白石　一九九三：三四―四〇］。一方、カンボジアでも、第二次世界大戦後、独立運動や共産主義運動が活発化していた。インドシナ戦争の激化と冷戦の拡大を背景に、フランスは、財政、防衛、関税、抵抗の諸権利を掌握したままではあったが、一九四九年にカンボジア王シハヌークと独立条約を締結した［Chandler 2008: 212-218］。

インドシナ戦争中、メコンデルタは極めて複雑な政治的状況に置かれていた。というのも、ベトナムの独立をめぐって、ベトミンと、フランスおよびその影響下のバオダイ政権との間で闘争が展開されただけでなく、ベトナム、カンボジアの独立運動の活発化によって多数のクメール人を抱えるメコンデルタの帰属問題が顕在化していたからであった。

フータン社ソムロン区における旧地主リエムの長男フンは、インドシナ戦争時の状況を次のように振り返る。

　初めはベトミンがやってきたが、その後フランスが戻ってきて、ベトミンを農地や川の方へと追いやった。ベトミン時代、ベトナム語学校は閉鎖されていたから、フータム社にある学校に通い、漢字を三～四年ほど学んでいた。ベトミン時代はこの地域では戦争がなかった。この時代、フランスはバオダイを擁立していた。フランス軍兵士には、クメール人もベト人もフランス人もいた（フン、一九三六～、男性、農民、二〇一一年一二月一三日）。

フンは、インドシナ戦争時代を「ベトミン時代」と呼んでいる。彼が漢字を学んでいた学校とは、ユントム市場

写真８　ユントム市場付近の関帝廟

写真９　関帝廟に付設された華人学校

の裏手にある関帝廟[6]（写真８）に併設された華人学校のことである（写真９）。フランス軍にクメール人、ベト人もいたとフンが証言しているように、フランス軍には多数の現地住民が所属し、兵士達の民族構成も多様であった。

　現在、フータン社ソムロン区では、インドシナ戦争中に、ベトミンの勢力が強かったケーサット県や他省から避難してきた者とその家族が多く暮らしている。かれらは、戦争から逃れてフータン社にやって来た時、フンの父親である前述の地主リエムに屋敷地を与えられ、小作農として雇われることになった。かれらの語りでは、ベトミンとフランス軍の衝突が、ベト人とクメール人との民族間対立として記憶されていた。筆者が長期実地調査中、避難民としてソムロン区に移住し、存命であった者は三人いた。そのうちソクチャン省に隣接するチャヴィン省の出身のスムは、インドシナ戦争中の一九四六～五一年頃にソムロン区に移住している。彼女によれば、両親はいずれもチャヴィン省出身で、父は華人、母はクメール人であったという。スムは移住の経緯を次のように述べる。

　昔、ベト人とクメール人との間に不和が生じて争いがあり、一〇代の時に、車でチャヴィン省からソクチャン省ケーサット県に疎開した。そこで、夫に出会った。二五～三〇歳の時には、ケーサット県からフータン社まで移住した。そこで地主のリエムに屋敷地を譲ってもらい、二五コン[7]（三・二五ヘクタール）の農地を借りた（スム、一九二二〜、女性、農民、二〇一一年二月二四日）。

この証言によると、ベト人とクメール人の間の抗争が、彼女が一〇代を過ごした一九三〇年代に、チャヴィン省では顕在化していた。スムがソムロン区へ移住した一九四六〜五一年頃、ケーサット県で何が起こっていたのかについては、彼女の夫の甥にあたるペンの証言が詳しい。ペンはケーサット県出身のクメール人で、曾祖父は華人であった。彼の両親はチャヴィン省出身であり、「水田が塩害被害を受けて稲の生育が悪く、生活が困窮したため、ケーサット県に移住した」（ペン、一九二四〜二〇一五、男性、農民、二〇一一年一二月二五日）。ペンは一九四五〜一九四六年頃にケーサット県からフータン社に移住しているが、その経緯を次のように述べている。

　二一歳の時にケーサット県からフータン社に移住してきた。フータン社には、ケーサット県からやって来た人は少ない。日本軍が去ってフランスが戻ってきてから、純粋なクメール人とベト人が抗争するようになった。当時、フランス人兵士二人とクメール人兵士一〇人が、住民を移住させた。移住者は一〇〇人以上いて、兵士についていった。フランス兵は、銃を空に向けて打ち放ち、クメール人に向かって「カンプチア！カンプチア！」と叫んでいた。クメール人は（ベト人を―引用者注）斬殺し、ベトナム共産主義者はフランス軍兵士を銃撃した。フータン社でもそれと似たような事件があった（ペン、一九二四〜二〇一五、男性、農民、二〇一一年九月二日）。

　自分はフータン社まで歩いてやって来た。フランス軍にはフランス人はおらず、ベト人とクメール人だけがいた。当時はベト人も、ベトミン側とフランス軍側に分かれ、抗争していた（ペン、一九二四〜、男性、農民、二〇一一年一二月一八日）。

フランス軍に追っ払われてここに来たわけではない。自分の家族は自主的に、別々にここフータン社にやってきた。まもなくしてフランスは国土をベト人に与えた(ペン、一九二四〜二〇一五、男性、農民、二〇一二年二月二五日)。

住民達に移住を促したフランス軍にフランス人やベト人の兵士がいたかどうか、さらに住民達がフランス軍によって強制的に移住させられたのか、あるいは自主的に移住したのか、ペンの証言にはぶれがある。しかしながら、当時のケーサット県にいた住民達が事態をよく飲み込めぬまま、インドシナ戦争に巻き込まれ、移住を余儀なくされたことがうかがえる。

フランス軍兵士がクメール人達に向かって「カンプチア!カンプチア!」と叫んでいたとペンは証言している。カンプチアとは、カンボジアの国名、あるいはカンボジア人のことである。フランス軍兵士の多くはおそらくクメール人であったと考えられるが、このようにかれらが声高に叫んでいた背景には、排外主義に起因する暴力が当時蔓延していたことが関係している。

ペンによって言及されているクメール人によるベト人の「斬殺(cap)」は、現ソクチャン省で広く知られた事件であった。ソクチャン市在住のある男性によれば、当時のクメール人のなかには、メコンデルタはベトナムがカンボジアから奪い取った土地であると考える者がおり、多数のベト人の首を切り落として殺害したという(名前不詳、一九五〇年代?〜二〇一五年、男性、精肉卸売り、二〇一二年一月二二日)。

このような凄惨な事件が勃発していた一方、ペンがかつて住んでいたケーサット県では、武力衝突が起き、主にクメール人とベト人から構成されたフランス軍兵士に向け、ベトミンが発砲していた。このように、植民地からの独立をめぐるベトミンとフランスの戦争が、ソクチャン省のような地方においてはベト人同士の衝突、またベト人とクメール人の民族衝突として表出していた。

3　民族間衝突からの避難と定住

聞き取りによれば、前述のスムとペンは、フータン社に移住する前、ケーサット県の農村ケータン社に住んでいた。ケータン社にいた当時、スムは五〇コン（六・五ヘクタール）の農地、ペンは少なくとも二五コン（三・二五ヘクタール）の農地を所有していた。ペンによれば、避難の前後、ペンの故郷はクメール人が多数派であり、ベト人や華人は市場で商業を営んでいた（フータン社の住民複数、二〇一一年九月二日他）。

ケーサットは、クメール語では砂丘を意味する「クサイック」と呼ばれる。この名称が現在でも残っているように、そこに点在する砂質土壌の微高地には、古くからクメール人が住んでいた。ただし、ケーサット県全体を俯瞰した場合、インドシナ戦争勃発当時クメール人はすでに少数派になっていたとも考えられる。たとえば、スムやペンら避難民に対して屋敷地を譲渡し、小作農として雇ったリエムの長男フンは次のように述べる。

クメール人はフランス側に与《くみ》した者が多かった。クメール人が少数派であった地域のクメール人は、クメール人が多数派を占める地域へ移動していった。一方ベト人が少数派であった地域のベト人は、ベト人が多数派を占める地域へ移動していった。華人は特に影響を受けず、商売をしているだけだった（フン、一九三六～、男性、農民、二〇一一年一二月二三日）。

民族間の衝突を背景に、言語や文化を共有する住民達が集団で移住していたことは避難民のスムやペンの証言からうかがえる。しかし、民族間の対立が顕在化する以前に、それぞれの地域社会の民族分布や人口構成がどのようになっていたのかについては、地域差があったと言えよう。

ソムロン区には、現メコンデルタ西部キエンザン省ラックザーから逃れてきた者もおり、民族衝突はメコンデルタ各地で生じていたことがわかる。たとえば、ラックザーから逃れてきたと証言するユィンは、戦禍を避けて一九五四年頃にソムロン区に移住し、避難者の一人である前述のペンの父方叔父と同年に結婚している。彼女は、「華人と混血のクメール人」であり、父方祖父と母方祖父が華人であるという。ユィンは避難時の状況を次のように述べている。

二七歳の時に移住した。自分は一人娘で、両親と一緒だった。フータン社でリエムに屋敷地を譲渡してもらい、一〇コン（一・三ヘクタール）の農地を借りた。クメール人とベト人の間で不和が生じ、権力闘争が生じたので、舟で自主的に移住してきた。当時の舟には船外機も付いていなかった。父はフランス軍兵士ではなく、一介の農民だった。クメール人はフランス、ベト人はベトミンに付き従った。自分の家族以外にも何人かの家族がこのフータン社に移住してきたが、そのほとんどはすでに故郷に帰ってしまった（ユィン、一九二七〜、女性、農民、二〇一二年二月二三日）。

このように、ソクチャン省に限らず、メコンデルタ各地で民族間の対立が先鋭化し、その抗争に関与していなかった多数の住民達が、一家もろとも遠方への避難を余儀なくされた。

これまでとり上げてきた避難民達は、結局、避難先のフータン社に残留し、新天地で新たな人間関係を築くことになった。かれらはソムロン区に定住することになったが、それは当時、地主のリエムが屋敷地を提供するかわりに、自身の農地の小作農として、かれらを雇い入れたためであった。リエムが自身の土地を提供した理由は諸説ある。「リエムの住居の周囲に誰も住んでおらず、人が大勢いた方が賑やかになると考えたから」、「広大な土地を所有していたから」と説明する者がいた（フータン社の住民複数、二〇一二年二月九日他）。明確な意図はリエムがすでに故人であるため不明であるが、彼が仏領期に取得していた土地を活用し、戦争の混乱によって一時衰退していた輸出米生産を再び活性化させ、経済的利益を上げる意図があったことは明らかであろう。

一九五〇年代に、ソムロン区において、リエムの農地で小作農として働いていたと推定される小作農各戸の詳細は、表4のとおりである。全一〇戸のうち七戸はインドシナ戦争中に他県、他省からの避難民[8]である。前述の避難民ペンを中心にして見ると、彼の家族や親族は、主にケーサット県やチャヴィン省から避難してきた住民から構成されており、各親族もそれぞれ隣接した場所に位置する。この要因として、リエムが彼の屋敷地の一部に小作農を集住させたこと、避難民が親子・兄弟姉妹関係を頼って避難してきたことが考えられる。

避難民の間での通婚も進んでいた。ケーサット県出身のペンは、一九四六年にチャヴィン省から避難してきた女性（一九二八〜一九七六）と結婚している。背景には、かれらが避難民という境遇や小作農という経済的な立場を同じくしていたこと、リエムに提供された居住地が隣接していて、互いに接触する機会が多かったことなどが考えられよう。

以上、インドシナ戦争期に顕在化した民族間対立を契機とする住民達の避難とその受け入れについて見てきた。民族を単位とした集団避難は、戦争という特殊な状況のなかで生じた現象であった。ベトナム、カンボジアで独立の機運が高まっていた一時期、クメール人、ベト人、華人を抱えるメコンデルタでは、民族的に曖昧な状態であることが許容されなくなっていた。個々の住民の民族的帰属は、抗争し合う各政治勢力によって「クメール人＝カンボジア人」、「ベト人＝ベトナム人」、「華人＝中国人」に分類され、確固とした政治集団であるかのように争点化された。その時の対立の構図は、クメール人＝フランス軍、ベト人＝ベトミン、華人は中立として、人々のなかで記憶されることになった。

表4　ソムロン区においてリエムの農地を借りていた小作農各戸（1950年代）

現在における住居の有無	住居建築年	家主	出生年～逝去年	出生地	小作地推定面積（コン）	来歴
有	1940年代後半	ペン	1924～2015	ケーサット県	45	ケーサット県から避難
有	1940年代後半	ペン[1]の妻の末弟コイ	1936～	チャヴィン省	不明	チャヴィン省から避難
有	1940年代後半	ペンの父	1900年代～1970年代	チャヴィン省	不明	ケーサット県から避難
有	1940年代後半	ペンの父方叔父（妻はユィン[2]）	出生年不明～1963年頃	チャヴィン省	不明	ケーサット県から避難
有	1940年代後半	ペンの妻の長姉	不明	チャヴィン省	10	チャヴィン省から避難
無	1940年代後半	ペンの父方叔父（妻はスム[3]）	出生年不明～1980年頃	チャヴィン省	25	ケーサット県から避難
無	1950年代前半	ユィンの父	1900年代～1970年代	キエンザン省	10	キエンザン省省都ラックザーから避難
有	1940年以前	ヒエン[4]の父	出生年不明～2000年代	ソムロン区	50–70	元々の居住者
有	1940年以前	ベン[5]の母	不明	ソムロン区	40–50	元々の居住者（ただし、ベンの母方曽祖父は、隣のアンヒエップ社から移住）
有	1940年以前	スン[6]の父	不明	ソムロン区	60	元々の居住者

（出所）筆者調査。
1）ペン（1924～2015）、男性、農民、ケーサット県出身、ソムロン区在住。
2）ユィン（1927～）、女性、農民、キエンザン省省都ラックザー出身、ソムロン区在住。
3）スム（1921～）、女性、農民、チャヴィン省出身、ソムロン区在住。
4）ヒエン（1962～）、女性、農民、ソムロン区出身、ソムロン区在住。
5）ベン（1955～）、男性、賃労働者、ソムロン区出身、ソムロン区在住。
6）スン（1950～）、男性、賃労働者、ソムロン区出身、ソムロン区在住。

もっとも、フータン社へ避難してきた人々は、民族間紛争に巻き込まれただけで、ベトミン、フランス軍いずれの側に加わっていたわけではなかった。また、ベトミンに参加したクメール人や、フランス軍に所属したベト人兵士もいたとの証言があるように、必ずしもベト人＝ベトミン、クメール人＝フランス軍ではなかった。

前節で述べたように、平常時においては、それぞれの民族がなんらかの政治的実体として、反目しあっていたわけではない。たとえば、ソムロン区にやって来た避難民スム、ペン、ユィンいずれの人々も「華人とクメール人の混血」を自認しており、メコンデルタで異民族間の通婚が進んできたことは人々にとって周知の事実であった。地域社会では、民族的な混淆状況を示す「混血」の概念が広く存在しているように、民族的帰属の曖昧性や多重性は、少なくとも平常時では許容されてきた。インドシナ戦争では民族が国家と不可分の政治共同体として考えられるようになり、その曖昧性や多重性が許容されない雰囲気が醸成されていったのである。

三　インドシナ難民

1　ベトナム戦争後の人口流出と米取引関係の再構築

民族的帰属の政治争点化は、時代が下ってベトナム戦争終結直後の一九七〇年代後半に、再び顕在化した。それは、新たな人口の流出入や人間関係の再編をもたらす契機となり、いわゆるインドシナ難民を生み出した。

インドシナ戦争終結後の一九五四年、ジュネーヴ協定によって南北ベトナム、カンボジア、ラオスが国民国家として誕生した。しかし、南北ベトナムの統一と各国の政治体制をめぐって戦火が収まらず、冷戦下で対立するアメリカと、ソ連、中国の軍事介入によって泥沼化していった。第二次インドシナ戦争とも呼ばれたこのベトナム戦争は、一九七五年、南北ベトナム、カンボジア、ラオスの共産主義勢力の軍事的勝利で終結した。だが、南北統一を達成したベトナム共産党は、戦時中は同盟関係にあったカンボジアのポル・ポト政権、中国共産党と対立を深めていった。ポル・ポト政権は、反ベトナム感情を露わにし、メコンデルタの領有権を主張し始め、ベトナムと国境で頻繁に衝突を重ねた。国家間対立は熾烈を極め、一九七八年一二月にベトナムがカンボジアに侵攻し、翌年一月にプノンペンを陥落させる。すると、ポル・ポト政権を支援していた中国は、ベトナムへの「懲罰」として、一九七九年二月にベトナムに侵攻し、中越国境で交戦した［Chanda 1986］。

この二つの戦争によって、メコンデルタのクメール人と華人は、政治的に微妙な立場に置かれるようになっていった。フータン社周辺において、華人や「華人と混血」の人々は、中越関係の悪化に加え、共産党政府が農業の集団化と国家による食糧買い上げ、配給制度の導入を進めたため、従来の経済活動を維持できなくなった。輸出米の流通に携わっていた米穀商人や精米業者、また商店経営者は廃業を余儀なくされた。フータン社の大地主であり、小さい精米所も経営していたリエム、フン親子もほとんどの農地を接収され、「資産階級」として監視の対象となった。日用雑貨店を開いていたウア、トン親子も閉店を余儀なくされ、貧困に陥った。現在、同社において、南北ベトナム統一以前に米穀商人、精米業者に携わっていた住民は、一九七八〜一九七九年頃に国外へ脱出したと言われている。実際に筆者も調査中、過去に米穀商人や精米業者であった住民を探し出すことができなかった。当時ソクチャン省では、ヴィンチャウ県の海岸から国外脱出者を乗せた船舶が出航していた。船舶を用意していたのは公安警察であったと言われている。社会主義経済の混乱によって紙幣に価値がなかった当時、前述の地主フンによると、彼の長男は金塊三キログラムの譲渡を条件に、公安警察によって脱出船への乗船が許可されたという（フータン社の住民複数、二〇一六年一月九日他）。

海上からの脱出を図った住民、いわゆるボートピープルは、古屋博子の推計によれば、一九七八年時点において八〇%が華人であったと考えられている［古屋　二〇〇九：七八］。華人人口の流出は、統計にも反映されている。表5は、

表5　フータン社とフータム社合計の民族別人口

	1967 年	1988 年
クメール人	7,378（60.7%）	12,724（42.8%）
華人	2,331（19.2%）	1,393（4.7%）
ベト人	2,443（20.1%）	15,616（52.5%）
インド人	0（0%）	10（0%）
計	12,152（100%）	29,743（100%）

（出所）［Anonymous 1967: 1］、［Vũ Lân et. al. 1988: 9-11］を基に筆者作成。

南ベトナム政府期の一九六七年、一九八八年のフータン社およびフータム社の民族別人口統計である。南ベトナム政府期、フータン社はフータム社の一部であったが、共産党政府下の一九八四年に分離独立した。表5によると、一九六七年から一九八八年にかけて、クメール人とベト人の人口が、それぞれ一・七倍、六・三倍増加しているにもかかわらず、華人人口はほぼ半減している。この原因の一つに、華人住民の流出があったのは明らかであろう。ただし、これだけが華人の人口減少の原因ではない。もう一つの原因として、華人が「ベト人になった」ことが考えられる。表5において、ベト人の人口増加は、出生率の増加を考慮しても、クメール人と比べて顕著である。しかし、フータン社やフータム社において、一九六七年〜一九八八年の間のベト人の集団入植に関する証言、文献資料はなかった。聞き取りによると、人口流入と言えば、せいぜい退役軍人がベトナム戦争後に帰還した程度であったという（フータン社の住民複数、二〇一六年一月九日）。大規模な人口流入がなかったとすれば、なぜベト人は急増したのだろうか。ソクチャン市で精肉卸売業を営んでいる男性は、次のように述懐する。

一九七九年、華人は非常に難しい立場に置かれていた。華人のなかには自身の民族をベト人として登録する者もいた。自分は両親ともに華人だったが、登録上はベト人として登録した。自分の両親は一九四九年に共産党の支配下になった中国から脱出し、ソクチャン省にやってきた（名前不詳、一九五〇年代?〜二〇一五年、男性、精肉卸売業者、二〇一二年一月二二日）。

伊藤正子によると、一九七九年三月に「ベトナム各民族成分リスト」が交付され、同年一〇月に全国初の国勢調査が行われた〔伊藤 二〇〇八：六六、九八〕。一九七五年まで南ベトナム政府の統治下にあったメコンデルタでも、共産党政府による最初の民族別人口調査が実施された。精肉卸売業者の男性が、華人二世であるにもかかわらず、ベト人として登録したと述べているように、一九七九年二月に勃発した中越戦争は、民族別人口統計にも影響を与えていた。つまり、華人の減少とベト人の急増の背景には、ベトナムのカンボジア侵攻と中越戦争、さらに社会主義改造による私営商人の排斥によって、多数派であるベト人として自身の民族を登録する住民が、特に華人を中心に急増したことがあったと考えられる。フータム社に暮らすウアンは、自身の民族をベト人に登録した理由を次のように述べる。

フータムにはベト人は少ない。ほとんどは華人かクメール人だよ。自分は登録上はベト人だが、父は華人、母はクメール人と混血の華人だった。ベトナムに住み、ベトナム語を話すという理由で、民族をベト人と登録した（ウアン、一九五九〜、男性、中学校教員／農民、二〇一二年一月二三日）。

このように、ウアンは、血縁関係上はベト人ではなかったが、登録上はベト人になっていた。ウアン自身は、一九七九年の戦争や華人の排斥が彼の登録上の民族に影響を与えたとは明言していないが、民族別人口統計と住民の民族帰属認識との齟齬が生じている背景に、当時の時代状況が関係していたことは明らかであろう。

かくして、一部の華人やその「混血」の人々は、国外脱出せずにフータン社周辺地域に残留した。こうした住民のなかには、従来の商人達が国外へ流出したことによって生じた経済的な空白を埋め合わせる役割を担う者も現れ

写真10　1980年に建設された精米所

た。

農業の集団化と国家による食糧買い上げが一向に軌道に乗らなかったメコンデルタでは、一九七九年頃から、社会主義政策の軌道修正が地方政府によって図られ始めていた。国家の公定価格ではなく、自由市場価格と連動した農民との協議価格による食糧の買い上げ、また耕地を個々の農民世帯に貸与し、そこで生産を請け負わせるという生産物請負制が、各地方政府の黙認の下で拡がり始めていた［古田　二〇〇九：二九―七二］。

フータン社では、政策の変化に敏感に反応して、小規模ながら新たに精米所を始めた人々が現れ始めていた。当時、収穫一期につき一人当たり籾三〇キログラムまで自家消費が認められていたため、自家消費用の籾の精米を請け負う私営の精米所が、一九八〇年頃に設立され始めた。たとえば、現在でも精米所を経営しているA村のランは、夫とともに一九八〇年に精米機を購入したと述べる（写真10）。ベトナム戦争中、彼女は、中学校と高校の教員をしており、夫は南ベトナム軍兵士であったが、戦後に生活が苦しくなったため、新たに精米業を始めた。ランの父はクメール人、母は「クメール人と混血の華人」、そして母方祖父は、中国出身であった（ラン、一九五一～、女性、精米業者、二〇一六年一月九日）。

ランと同様にA村で精米業を営むカーンも、一九八〇年に精米所を建てた。彼は、A村出身で、農業をしながら小さな日用雑貨店を営む家庭の下で育った。精米業を始める前は、労働者や農業、運転手をしていたが生活は安定せず、新たに精米業を始めたという。当初は、国家への売却を義務付けられた籾米を扱っていたが、社会主義経済が維持されていた一九八〇年代半ばまでは、籾米に価値がなかったという。現在では自家消費米用のみを精米している。カーンの父は潮州系華人、母はベト人であり、現在カーン自身の登録上の民族は華人であるという（カーン、一九五四～、男性、精米業者、二〇一六年一月九日）。

フータン社では、南北統一以前は輸出米取引には携わっておらず、共産党政府による排斥の対象にはならなかった「華人と混血」の人々が、従来の精米業者の役割を新たに担うという現象が生じていた。それは、共産党政府による統制経済が破綻していくなかで、一度は解体された米取引関係が、再構築されていく過程であったと言えよう。

2　国境紛争からの疎開者の流入と農地関係の再編

華人に対する排斥を背景に、フータン社の従来の社会関係は再編を迫られることになったが、これはクメール人についても同様のことが言える。一九七〇年代後半のベトナムとカンボジアの国境における武力衝突によって、メコンデルタのクメール人は、疑いのまなざしで見られるようになっていた。

聞き取りによれば、メコンデルタ国境付近のアンザン省の小高い山々に暮らしていたクメール人は、ベトナムによるカンボジア侵攻が起こった一九七九年前後に、沿岸部のソクチャン省やバクリエウ省に疎開させられた。フータン社や隣のフータム社には、アンザン省の一角チトン（クメール語名はソヴァートーン）県の人々が、農業や儀礼のために利用していた牛を何頭も引き連れ、自動車に乗せられて続々とやってきた。かれらは、フータン社にあるブオン寺、チャンパー寺、またフータム社のプノーロカー寺の三つの寺院に一年以上もの間滞在することになり、牛耕などの農業賃労働をしながら生活をしていた。国境付近の戦況が落ち着くと、ほとんどの疎開者はチトン県に戻ったが、一部の者はチトン県よりも農業に適した環境であるフータン社周辺地域に残留した（フータン社、フータム社の住民複数、二〇一一年八月一六日他）。チトン県から疎開してきた一人であり、現在ソムロン区に在住しているカエンは、一九七九年当時の状況について次のように証言する。

カンボジアにポル・ポト政権が成立すると、チトン県の方にも攻め込んできて、何人か亡くなった。自分は一九七九年にここに移住してきた。自分の両親や父方、母方祖父母は、バクリエウ省の方に移住したが、自分は妻方の家族について行った（カエン、一九四七〜、男性、農民、二〇一一年八月一六日）。

一九七九年に自分は沿岸部の方に移動したが、華人とベト人は移住しなかった。国境地域では、多数のクメール人が殺された。ポル・ポトはベトナムのクメール人が好きではなかった（カエン、一九四七〜、男性、農民、二〇一二年二月二六日）。

クメール人のみが疎開させられた背景には、チトン県のクメール人がポル・ポト政権に同調して反旗を翻すことをベトナム政府が恐れていたことがあった。筆者は二〇一五年、ポル・ポト政権が国境を越えて襲撃したアンザン省の国境部チトン県、ティンビエン県を短期で訪問し、数人の住民達に短時間のインタビューを行う機会があった。最も凄惨な虐殺があったチトン県バーチュックでは、虐殺のあった場所に記念碑が建てられている。守衛の男性によれば、一九七八年三月一六日の晩、ポル・ポト派の兵士達が国境を越えて襲撃し、三一五七人が虐殺された。住民達はキン（ベト）人で、「四恩孝義」教という仏教系の新興宗教を信仰していた。守衛の男性の兄弟一人もこの時に亡くなったという。またティンビエン県ヴィンチュン社の上座仏教寺院サパラー・ルー寺にいたある住民（男性、五七歳）によれば、一九七七〜七八年頃、ポル・ポト派の軍が国境を越えて襲撃し、同社の住民七〜八人を殺害した。その後、同社のクメール人達は、ソクチャン省に一九八〇年まで疎開することになり、上座仏教寺院にしばらく滞在していた。この男性によれば、一九七〇年代後半にクメール人のみが移住させられたのは政治的理由によるもので、かれらをポル・ポトの影響から遠ざけるためであったという（チトン県、ティンビエン県の住民複数、二〇一五年一一月二八日)。人類学者フィリップ・テイラーの聞き取り調査によれば、ポル・ポト政権は、ベトナム側国境に暮らすクメール人数千人を拉致し、カンボジア西南部において運河建設や道路工事、集団農業などの強制労働に従事させていた[Taylor 2014:185-186]。

このように、国境で生じていた混乱を背景に、当時のベトナム政府は、国境付近のクメール人達をカンボジアから切り離すべく、ソクチャン省各地の寺院に疎開させた。かれらは、なじみのない土地で、苦しい避難生活を余儀なくさせられていたが、なかには、フータン社において従来の地主や金貸しが政府による弾圧の対象になっていることに乗じて、新天地で新たに生活基盤を築き上げる者もいた。

筆者が調査を行ったソムロン区では、旧地主リエムから屋敷地を提供され、そのまま残留した家族が二世帯あった。そのうちの一世帯ヘン(一九二〇〜)の一家は、新天地で特に経済的に成功した家族として知られていた。ヘンは、共産党政府の推進していた集団農業体制がフータン社では実質形骸化していたことに乗じ、徐々に農地を集積してゆき、二〇一二年時点でソムロン区最大の一〇ヘクタールの農地を持っていた。聞き取りによれば、ヘンの家族は、元々富裕層で、チトン県では一〇〇コン(約一三ヘクタール)の農地を所有していた。南北ベトナムの統一後、新政府によって農地を接収されたが、金塊や牛の一部は所持し続けていた。疎開先のフータン社では集団農業は機能せず、土地の貸し借りが私的に行われていたため、ヘンは自身の私財を元手に農民から農地を借り上げ、住民を雇って米生産に従事させていた。籾米の貸付け業も行い、返済額を貸付け量の二倍にして、最終的には返済困難になった農民から農地を買い上げていったという。ヘンはさらに、統制経済下で不足していた調味料の魚醤を、シャム湾に面した港町ラックザーや、カンボジア国境付近のアンザン省チャウドックまで一人娘と買い付けに行き、フータン社周辺で売り歩いていた。彼は当時既に六〇歳前後であり、ベトナム語もほとんど話せなかったが、取引先のベト人と交渉し、魚醤を仕入れていたと述べる(9)(フータン社の住民複数、二〇一二年二月二二日他)。

メコンデルタでは、ベトナム戦争直後の一九七〇年代後半、ベトナムとカンボジア、中国の国家間関係の悪化と社会主義的な政策が複雑に絡まりあって、民族帰属の問題が再燃し、地域社会が分断され、人口の流動化が再び生じていた。フータン社では、華人やその「混血」の住民を中心に人口の大規模な流出が生じ、従来成立していた商業取引関係や地主小作関係は解体されつつあった。だが、政治経済状況の変化に敏感に反応した一部の住民や、新たに流入してきた疎開者達によって、従来の社会関係は従来のものと似て異なる新たな形に再編されることとなった。

四　出入り可能な社会

1　国境を往来する人々

これまで述べてきたように、フータン社は二〇世紀にインドシナ諸国で生じた長期的な政治的動乱を経験し、人口の流出入によって地域社会の経済関係、民族構成の再編が繰り返されてきた。だが、動乱によって国外へ流出していった人々は、必ずしも故郷との縁を絶ってしまったわけではなかった。動乱が終息した現在では、よほどの政治犯でないかぎり国外へ移動した人々が故郷に戻って来ることは可能であり、移住先と故郷を往来する人々もいる。本節では、まず、メコンデルタにおいて動乱の最も大きな要因となっていたベトナム、カンボジアの国境線を越える住民達の来歴やモノ、情報について検討する。その上で、越境する人、モノ、情報をめぐって地域住民とベトナム政府との間で現在いかなる駆け引きが生じているのかについて述べる。

調査期間中、フータン社のブオン寺には、クメール語、ベトナム語両方併記の看板が掲げられていた（写真11）。これは、ソクチャン省のバス乗り場から国境ゲートのあるティンビエン―プノムデン経由でカンボジアの首都プノ

写真11　ブオン寺の建造物に掲げられていた「カントー運送交通建設株式会社」の看板

ンペンを往復するバスの運行会社の広告である。

　この広告は、ベトナムとカンボジア両国の間に国境線が引かれた現在においても、フータン社とカンボジアの間を人間が行き交っていることを示している。もちろん、世界各地からバックパッカーが行き交うホーチミン市においても、カンボジア行きの安価な定期バスが毎日ひっきりなしに運行されている。ただし、それとフータン社の状況が異なる点は、バス利用者の大多数が、日々の生活や、親族や知人の訪問を目的にカンボジアへと向かっていることである。

　フータン社ソムロン区には、ある日突然ふらりとやってきて、数日から数ケ月過ごした後、気が付いた時には既に立ち去ってしまう人たちが何人かいた。聞けば、かれらはカンボジアからやって来ており、日中フータン社のカフェで時間を潰し、カンボジアで起こっている時事ニュースや噂について住民達と熱心に話していた。かれらは、ソムロン区に滞在中、既に独立し、家庭を築いていた子供達の住居で寝泊まりしていた。そのうちの一人、「華人と混血のクメール人」であるコイ（一九三六〜）の生い立ちは、本人や周辺人物によれば、次のとおりであった。

　チャヴィン省出身のコイは、インドシナ戦争中、家族とともに戦禍の激しかった故郷を離れてフータン社に避難し、同社の地主リエムの下で働いていた小作農の一人であった。コイはベトナム戦争中、南ベトナム政府側の兵士として三年間従軍し、退役後は農業に従事していたが、一九七九年に二人の子供を残して三人の子供達とともにカンボジアへ移住した。一九九〇年代前後には一時的にベトナムに戻り、ホーチミン市と高原都市ダラット間で、トラックの運転手をしていた。以前カンボジアで車両修理工をしていたが、現在はベトナムとカンボジアの間を行き来し、両国でそれぞれ暮らしている子供や孫に養ってもらっている（フータン社の住民、二〇一一年六月三日他）。

コイがカンボジアへ移住した一九七九年は、ベトナムがカンボジアへ侵攻し、ポル・ポト政権をプノンペンから駆逐した年であった。そしてベトナム国内では、旧政府関係者に対する新政府による再教育、華人やクメール人への迫害、また統制経済による困窮などを理由に、国外へ脱出を図る者が急増していた。コイは、これら複数の要因を背景に、カンボジアへ脱出した者の一人であったと考えられる。もっとも、共産党政府が市場経済の導入を決定したドイモイ（経済刷新）直後の一九九〇年代前後に再びベトナムに戻って運転手をしていたように、コイは主に経済的理由により、両国間を行き交っていた。

筆者は二〇一四年、カンボジアのプノンペン在住のベトナム出身者複数にインタビューを行う機会があった。そのうち複数の人物の証言により、現在でも、パスポートなしでカンボジア国境を越えることが可能なことがわかった。たとえば、プノンペン在住で、トゥクトゥク（三輪タクシー）の運転手をしているポンと彼の妻リンがカンボジアへ渡った背景は、次のとおりであった。

夫のポンはソクチャン市出身で、「ベト人と混血のクメール人」の農民であった。ベトナム戦争中の一九七一～一九七五年まで南ベトナム軍の兵役に服し、戦後は農業をしていた。妻のリンはサイゴン出身であったが、南ベトナム軍兵士であった父親（「クメール人と混血の華人」）がベトナム戦争終結後に再教育キャンプに送られたこともあり、一九七七年にソクチャン省フータン社隣のアンヒエップ社に移住した。元々リンの父親はフータン社チャンパー寺の近くの出身であった。

ポンとリンは一九八四年に出会い、結婚した。しばらくソクチャン市の農村で三コン（〇・三九ヘクタール）の農地を耕作していたが、夫婦二人と夫の両親、子供二人を養っていくのは困難であった。カンボジアのバッタンバン出身のリンの母は、知り合いと文通し、その伝手《つて》を頼って一九八二年にバッタンバンへ移住していた。リンの親族がプノンペンに住んでいたので、ポン、リンも一九九〇年に一家でプノンペンに移住することになった。一九九〇年頃のホーチミン市は仕事がなく、住居も借りられなかったため、プノンペンを選んだ。当時、ホーチミン市での住居の賃借には書類手続きが必要であった。

二〇〇七年頃にプノンペンからホーチミン市に出稼ぎに行った。だが同市郊外のトゥードゥックまで行かなければならず、遠かったので途中でやめた。妻のリンは二〇〇七年にプノンペンへ戻ったが、夫のポンは大工として半年間だけ長く働き続けた後、二〇〇八年にプノンペンに戻った。

最近は、ボランティアでカンボジアに働きに来ていたベルギー人医師の家族の下で、ポンは警備員、リンは食事係として働いていた。

現在、夫婦どちらもカンボジア国籍を取得している。ベトナム政府発行の身分証明書はすでに失った。国境を越える時は、ベトナム―カンボジア国境付近の町チャウドックの近くを流れる河川の舟渡しにお金を渡し、カンボジアへ渡る（ポン、一九五四～、男性、トゥクトゥクの運転手／リン、一九六二～、女性、家事、二〇一四年二月二一日）。

このように、ポン、リン夫妻は、生活に困窮して親族関係を頼ってプノンペンに出稼ぎに行き、そのまま住み続けることになったが、出稼ぎの選択肢としてホーチミン市も排除しておらず、一度はそこで働いたこともあった。国境や国籍は、現在まで住民管理という点においては十分に機能しておらず、日々の生活の糧を得ることを目的とした住民達の移動を妨げてこなかったことがわかる。

ポン、リン夫妻は、少なくとも現在まではベトナム側で生活の基盤を確立できず、プノンペンで生計を立てている事例であるが、ベトナム―カンボジア両国の政治経済状況を巧みに活用し、両国双方に生活基盤を築いている者もいる。前述のコイと同様にベトナムとカンボジアの間を行き交い、フータン社に一時滞在していた住民の一人サンは、次のように述べる。

自分はフータン社の隣アンヒエップ社出身で、実家は農家だった。南北統一後の一九七八～一九七九年、労働者としてホーチミン市で働いていたが、その後、一九八三年から一九九〇年まで、生活のためにカンボジアへ渡った。最初はプノンペン、その後はバッタンバン、スヴァイリエン、コンポンチャム、最後にラタナキリへ移動した。カンボジアでは、日雇い労働者として働き、パンなどを売り歩いていた。その後、ベトナムに帰国したが、現在でも四～五ケ月ごとにカンボジアに渡っている。今は、パスポートの更新手続きのためにフータン社に一時的に帰郷していて、三～四日後には再びカンボジアへ戻るつもりである。カンボジア国境は、ティンビエン県経由で越えている。

一八九八年生まれの父は、カンボジアのタケオ出身の純粋なクメール人で、一九三〇年代に祖父とともにこの地域に移住した。祖父は、一九三〇～四〇年代にカンボジアに戻ったが、父はこの地で、八九歳で死んだ。母は、アンヒエップ社出身の純粋なクメール人で、八七歳で死んだ。自分は七人兄弟の六番目だった。

妻は五人いる。最初の妻はフータン社出身で、四人の子供とともに、ラタナキリに住んでいる。ラタナキリにはカジノが三つあり、そのうち一つはカンボジアの首相フン・センが経営している。そのカジノを利用する外国人客はほとんどがベトナムから来ているため、ベトナム語を話せる自分の娘はそこで従業員として働いている。彼女の初任給は、一六〇USドルほどであった。

自分はベトナムでは土地を持っていないが、ラタナキリでは二〇～三〇コン（二・六～三・九ヘクタール）の土地を持っている。ラタナキリは土地が余っていて、ゴムの木のプランテーションがあり、また金の採掘をしている外国人もいる。

自分はベトナムでは貧困世帯に指定されているため、医療費は無料になっている。病気になったらベトナムに戻ることにしている。お金がなくなったら娘に電話して、二〇〇～三〇〇USドルを送金してもらっている（サン、一九五二～、男性、賃労働者、二〇一一年八月一一日）。

このように、サンは、ベトナム国籍を維持し、最初の妻の故郷であるフータン社において、貧困世帯に対する優遇制度を利用しながら、カンボジア側の国境付近で現在建設が進んでいるカジノで働く娘の支援に依拠して暮らしている。彼は、ベトナム側の貧困層に対する社会保障制度とカンボジア側の国境付近で生じている経済ブームを利用し、生活の基盤を築いてきた。

サンの父が、カンボジアのタケオ出身者であったように、サンにとってカンボジアは、父祖の土地でもあり、異国ではなかった。国民国家ベトナム、カンボジアが成立する以前、両国間の人々の往来は、国境線や国籍によって制限されていなかった。そして現在でも、両国の間に引かれた国境線や帰属の明確化を目的とする国籍制度が、生活のために両国間を行き交う住民達の動きを制約しているわけではない。

2　カンボジアから流れてくるモノ

ベトナム―カンボジア間を行き交ってきたのは、人間だけではない。両国の間では、日々様々なモノや情報が行き交っている。そのなかのいくつかは、ベトナム政府によって非合法化されていたが、住民達は規制をかいくぐる方法を心得ていた。

ソクチャン市の中心部にある市場の近くには、仏教儀礼に必要な品々を取り扱う店がある。店名や商品名（仏教儀礼用の線香、ろうそく、造花、僧衣）を記した看板は、クメール語、ベトナム語両方で書かれている（写真12）。この店の店主は、ソクチャン市出身のクメール人で、上座仏教寺院で六年間の出家経験があるという。同店では、仏像やクメール語で書かれた仏教関連書籍も置かれていた。この店は、カンボジアなどから、仏教関連の品々を輸入し、販売する業務を請け負っている。

上座仏教寺院では、僧侶が雨季の期間に寺に籠って修行する雨安居《うあんご》の期間が明けると「カタン祭」（写真13）が開催される。カタン祭では、在家信者から僧侶に対して僧衣や托鉢用の鉢、仏教関連書籍、線香、ろうそく、造花などの供物が寄進される。この儀礼の際、フータン社の人々は、ソクチャン市に複数あるカンボジアからの輸入品代理販売店まで、儀礼に必要な品々を買い付けに行く。

写真 12　カンボジアからの輸入品代理販売店

写真 13　ブオン寺のカタン祭

写真 14 「同胞は 1 つの家族」
（出所）［Bộ Giáo Dục và Đào Tạo 2010: 119］。

正確に言えば、カタン祭で僧侶に寄進されていた僧衣は、カンボジア産ではなく、タイ産であった。近年、富裕層が増加しているため、カタン祭で僧侶に寄進される供物が多様化、高級化しており、儀礼の本来の供物である僧衣のみならず、扇風機や冷蔵庫なども寄進されている。こうした背景もあり、カタン祭を主催する在家信者は、ベトナム産やカンボジア産ではなく、タイ製の高品質な僧衣を輸入品代理販売店で購入するようになっているのである。

輸入代理店で筆者が購入したクメール語の仏教関連書籍のほとんどは、植民地時代や一九五〇〜七〇年代のプノンペンの仏教研究所で発行されていたものの影印版かリプリント版であった。これらの仏教関連書籍は、フータン社の二つの寺院においても僧侶がクメール語やパーリ語、また仏教教理を学ぶために使用していた。聞き取りによれば、ベトナム国内に出回っているクメール語の書籍は、ベトナム、カンボジアで共産主義勢力が政治権力を握った一九七五年以前に出版されたものが多い。一九七五年以前、以後いずれの書籍も、ベトナムやカンボジアでリプリントされたものであるという。

ベトナムでは、外国から輸入される書籍に対しては検閲が行われており、とりわけメコンデルタのクメール人の民族主義を駆り立てるようなクメール語書籍の輸入は厳しく規制されている。プノンペンの書店に行くと、メコンデルタの領有権がカンボジアにあることを主張した書籍が数多く陳列されているが、このような書籍は当然のことながら、ソクチャン市の輸入代理販売店では扱っていない。もしそうした書籍を販売していれば、店主は公安警察に逮捕されることになるだろう。

ベトナム政府は、クメール語書籍を管理し、制御しようとしている。その証拠に、教育を目的とするクメール語書籍は、ベトナム政府による公認を得てはじめて刊行が可能になっている。たとえば、メコンデルタのクメール人を対象に、初頭・中等教育において使用されているクメール語教科書『クメール語（Pheasa Khmaer）』は、ハノイの教育訓練省によって発行されたものである。その内容は、主にクメール人の民族文化や、ベトナム共産党の英雄ホー・チ・ミンの人柄やベトナムの国土、風土の紹介であった［Bộ Giáo Dục và Đào Tạo 2010］。クメール語教科書の一ページ目には、ホー・チ・ミンの周りを、民族衣装で着飾ったクメール人をはじめとする少数民族の子供達が取り囲んでいる絵が挿入され、「同胞は一つの家族」という一文が記されている（写真14）。このようにベトナムで使用されているクメール語教科書からは、国民統合の意図が垣間見える一方で、メコンデルタのクメール人とカンボジアの関連性を示す記述や絵、写真はまったく出てこない。

3　越境するメディア

もっとも、政府が出版物の統制をしたところで、人々は、日常的にラジオやテレビ、インターネットを通じて、カンボジアから流れてくる様々な情報を取り入れている。第二節でも取り上げたフータン社ソムロン区のペンは、ほぼ毎日自宅でカンボジアから流れてくるラジオの電波を捉え、クメール語のニュースに耳をそばだてていた（写真15）。インドシナ戦争期に難民として移住してきた彼は、幼少期に貧しく学校教育を受ける機会がなかったため、ベトナム語を少ししか話すことができず、またクメール文字もほとんど読むことができなかった。カンボジアにも足を踏み入れたことはなかったが、若い頃から、ラジオでカンボジア発のクメール語ニュースを聞き、カンボジアの政治・社会や国際社会の状況について知識を得てきた。彼によれば、カンボジアのラジオ放送は、南ベトナム政府時代から、ポル・ポト政権が権力を握った一九七〇年代後半を除き、聴くことができたという。

写真15　クメール語ラジオ放送を聞くペン

筆者がフータン社に滞在していた二〇一一年は、ちょうどカンボジアとタイの国境線に位置するプレアヴィヒア遺跡[10]の帰属をめぐって両国の対立が顕在化した時期であった。当時、ペンをはじめソムロン区の老人達は、カフェで領土問題について盛んに議論を交わし、プレアヴィヒアがカンボジアに帰属することを熱く語っていた。隣国カンボジアの政治は、長年同国のラジオ放送を聞いてきた彼にとって、決して見知らぬ外国ではなかったのである。

近年では、衛星テレビ放送やインターネットもカンボジアからの情報を得るための主要な手段となっていた。ペンと同居する末子パウ（一九七一〜）は、ソムロン区では比較的豊かな農民であったが、ある日、自宅の屋根にアンテナを取り付け、カンボジアやタイのテレビ放送を視聴するようになった。筆者も度々彼の自宅を訪れ、椅子に腰かけてのんびりと一緒に衛星テレビ放送を見ながらパウからクメール語を習っていたが、娯楽番組のみならず、カンボジアの時事ニュースも放送されていた。

インターネットもごく一部の富裕世帯には普及しており、カンボジア発のクメール語の情報を得ている者もいた。筆者がクメール語を教わっていたフータン社中学校教員ピン（一九七〇〜）は、自宅にインターネットを引き、日常的にカンボジアのニュース番組や、カンボジアの有名歌手のPV動画を、自宅の庭先に置かれた机の上で白昼堂々と視聴していた。彼は筆者の滞在中にベトナム共産党に入党することになったが、彼の政治的立場にもかかわらず、その後もインターネットでカンボジア発の様々なニュース番組を傾聴していた。

パウやピンは、どちらもカンボジアへ行ったことはなかったが、それぞれ過去に四年、七年の出家経験があり、クメール語教育やカンボジア社会への関心が一際強く、またアンテナやインターネットの設備を購入できるほど富裕な住民であった。少なくとも筆者が調査していた二〇一〇年一二月から二〇一二年三月の時点では、住民達による新しいメディアの導入について、政府が規制する動きは見られなかった。

ところがその後、状況は変化した。筆者が二〇一四年二月にフータン社を再訪し、再会したパウに、カンボジアのテレビ放送がまだ見られるかどうか尋ねたところ、彼はしばらく黙り込み、お金がなくなって見られなくなったと答えた。この時は言葉を濁したパウだが、二〇一六年一月の再訪の折に再度同様の質問をしたところ、今度は、二年前（二〇一四年頃）から衛星放送が視聴できなくなったと述べた。そして彼は筆者に、カンボジアのラジオ放送はまだ聴くことができるので、日本製の良質なラジオを購入して来て欲しいと依頼した。

衛星テレビ放送の視聴が制限される一方で、インターネットはますます普及していた。二〇一六年の再訪時、ブオン寺の敷地内には、ＷｉＦｉの回線が引かれていた。このインターネット設備は、政府の寄付によって設置されたものであるという。寺院内では、僧侶や屋台の売り子が、無料ＷｉＦｉを利用してスマートフォンを眺めていた。

地域社会を取り巻くメディア環境の変化は、ベトナム政府が、衛星テレビ放送やインターネットの統制に本腰を入れ始めたことを示唆している。衛星テレビ放送については、政府がカンボジアからの衛星電波の受信を妨害しているものと考えられる。また寺院でのインターネットの設置については、住民の支持を得るという目的もあるのだろうが、政府にとって不適切な国外の情報に接するインターネット利用者を摘発するため、住民達にとっての公共の場でもある寺院に狙いを定めて情報管理を行おうとする意図もあるのではないかと推察される。

というのも、従来、政府は、メディアの一元的な管理に腐心してきたからである。ベトナムのテレビ番組はすべて国家の管理下にあり、国営テレビのチャンネルでは、クメール語のニュース等が長年放送されてきた。筆者のホスト・ファミリーであったトンの家族は、アンテナやインターネットを自宅に設置していなかったが、ベトナム国

写真16　夜市で売られていたカンボジアの有名歌手の海賊版CD

営テレビ放送の一チャンネル「VTVカントー2（VTV Cần Thơ 2）」で決まった時間帯に放映されるクメール語放送は毎日視聴していた。VTVカントー2では、早朝の五時三〇分～六時三〇分、昼の一一時～一三時、夕方の一七時～一九時の時間帯に、クメール語の時事ニュースや、メコンデルタのクメール文化に関する紹介、またカンボジアでクメール語に翻訳され、ベトナムに輸入された海外ドラマなどが放送されていた。トンによれば、南北統一直後のベトナム国営テレビのクメール語放送は、毎日わずか三〇分程度に過ぎなかったが、ドイモイ後の一九九〇年代にVTVカントーが設立され、より長くクメール語放送を視聴できるようになったという。

　とはいえ、政府の検閲を経たVTVカントー2のテレビ番組は、質、量ともに住民達の需要を十分に満たしてはいなかった。住民達は、カンボジアで制作された海賊版のDVDを購入し、自宅で視聴していた。寺院で大きな祭祀儀礼が行われた際には、しばしば寺院の敷地内で夜市が開かれ、寺院や政府の許可を得た様々な露天商が店を広げ、カンボジアで著名な歌手のCDや、タイ映画のクメール語吹き替え版DVDなどの海賊版を、公然と売っていた（写真16）。夜市の警備にあたる公安警察もそのことについてはもちろん承知していたが、見て見ぬふりをしていた。

4　往来する人・モノ・メディアと国家の媒介者

　ベトナム政府は、国境を越えた世界と結びついているフータン社のような地域社会において、好ましくない人間やモノ、情報が国内に流入してくるのを制御しようとしている。しかし、政府による過度の規制は、カンボジア社会と結びついてきた住民達の不満を引き起こすことにつながりかねない。

聞き取りによれば、ベトナムの公安警察は、カンボジアから帰郷して来た住民を特に警戒している。というのも、そのなかには「悪人」がいるからであるという。この「悪人」とは、主にカンボジア国内に在住するメコンデルタ出身のクメール人の間で結成された政治団体[11]に所属し、メコンデルタの領土問題や現ベトナム共産党によるクメール人への人権侵害、宗教弾圧を糾弾している人々のことである。現政府は、こうした政治団体に所属する人々やその出版物が、ベトナムに流入し、住民達に影響することを警戒している。筆者がベトナムに留学する直前の二〇〇九年八月には、実際にソクチャン省で、現政府へ抗議活動が起こったと言われている。ある公安関係者によれば、交通警察が、バイクの後部座席に二人の僧侶が乗っているのを見つけ、交通ルール違反として逮捕したのが事の発端であった。その事実が「歪曲」され、「悪人が裏で手を引き」、僧侶による抗議活動が起こった。公安警察の間では、この出来事は「八月事件」と言われているという。

写真17　ブオン寺に寄贈されたパーリ語経典

このような政府の警戒によって、人々が日常的な宗教活動を行う上で欠かせないものさえ、流入が規制される事態が起こっている。その代表的な事例が、三蔵経、いわゆるパーリ語経典である（写真17）。従来、メコンデルタの上座仏教寺院は、カンボジアから三蔵経を取り寄せ、購入してきた。聞き取りによれば、寺院が三蔵経の収集に励むのは、三蔵経を多数所蔵する寺院は威信があるという考えが存在しているからである。一九七〇年代後半に急進的な社会主義政策を敷いたポル・ポト政権期にカンボジア国内の三蔵経は焚書されたため、一九九〇年代に日本で所蔵されていたクメール文字の三蔵経が、カンボジアの仏教界に寄贈された。現在ベトナムの上座仏教徒達が取り寄せている三蔵経は、日本から寄贈された三蔵経をカンボジアで印刷し直したものである。ベトナムでは、クメール文字の三蔵経を印刷できる出版所は今のところ存在していない。三蔵経は高価であり、かつ数十冊にも及ぶため、前述のソクチャン市にある小規模な輸入代理販売店では取り扱われていない。そのため、各寺院の関係者は、直接カンボジアに行って三蔵経を購入する必要がある。しかしながら、三蔵経を購入するには、煩雑な行政手続きが必要とされる。

ブオン寺の寺管理委員会の会長を務めるキーは、二〇〇六～七年頃、当時、フータン社の公安警察に勤めていたトンの協力を得て、妻と一緒にカンボジアのプノンペンまで三蔵経を購入しに行ったという。

パスポートの作成と手続きに計二ケ月かかった。トンが協力してくれた。この手続きには県の許可が必要だった。もし県の許可を得ないで三蔵経を持ち帰ったとしたら、没収されていただろう。フータン社の公安警察から自動車を借り、公安の人間一人、社の党書記の妻、僧侶二人、そして自分達夫婦でプノンペンに行った。トンも誘ったが、社の仕事で忙しく一緒に行けなくなった。プノンペンにある大きな建物で、一〇〇冊の三蔵経を購入した（キー、一九四〇～、男性、農民、二〇一二年三月六日）。

筆者のホスト・ファミリーでもあったトンは、二〇〇八年以降は社人民委員会の幹部を務める傍ら、ブオン寺管理委員会の書記係を務めている。彼は、上座仏教寺院での出家経験があり、またクメール語、ベトナム語両方の読み書きができるため、寺院と地方政府との間で取り交わされる行政文書の作成を主に担当してきた。社の治安維持、行政に携わった経験があり、ベトナム語、クメール語を両方使いこなせる彼は、政府にとって上座仏教を管理する上で好都合な存在であった。また寺院側にとっては、地方政府と交渉し、また世俗権力から宗教活動の許可や経済的支援を得るために最適な人物であった。彼は、言わば地域社会の宗教的権威と世俗権力の媒介者であった。

筆者が現地に滞在している間、再びブオン寺が三蔵経を取り寄せる機会があった。二〇一一年七月のある日、夜も明けない三時頃に、トンと孫のカーイ、ブオン寺の住職、そして寺院の役職者が、カンボジアの国境ゲートがあるアンザン省ティンビエン県へ自動車で向かった。後日聞いた話によると、かれらは国境付近で三蔵経を受け取りに行ったとのことだった。ティンビエン県の隣はチトン県だが、前述したように、一九七〇年代後半、ポル・ポト政権の国境侵害によって、チトン県のクメール人が、ブオン寺に疎開させられた。疎開者達は、ポル・ポト政権崩壊後まもなく故郷のチトン県に戻ったが、ブオン寺との交流を続けていた。今回はその交流を記念し、元疎開者達が三蔵経をカンボジアで購入し、ブオン寺に寄贈することになったのであった。

国境ゲート付近において三蔵経を受け取るため、トンは事前に地方政府に宛てて輸入許可申請書を作成・提出していた。この申請によってソクチャン省の人民委員会からブオン寺の住職宛てに交付された「文化物輸入許可証」には、使用目的が寺院内での僧侶および仏教徒の修学であること、また三蔵経の冊数が合計一四六冊であり、流通・使用前にベトナム文化・スポーツ・観光省が書籍の内容を審査することが明記されていた［Công Văn UBND Xã 2011b］。

三蔵経のように政治性の希薄な仏教書籍であっても、その輸入に対してベトナム政府は極めて厳格な管理体制を敷いている。このような形式主義的かつ複雑な政府の行政管理制度に対処し、宗教側の意思を世俗権力に伝達することができるのは、やはりトンのように双方の考えを理解し、説明できる人物に限られよう。

トンの媒介者としての仕事は、宗教と政治の間の行政的手続きに限定されない。彼は副業として、ベトナム―カンボジア間を行き交う住民のパスポートなどの行政文書の作成指南も行っていた。筆者がトンの住居で暮らしていた間、カンボジアからの帰郷者や、これからカンボジアへ移動する住民が頻繁にトンの自宅に訪れ、彼に煩雑な行政書類の作成を依頼していた。トンによれば、フータン社人民委員会での公務員としての彼の月給は、八三万ドン

（二〇一一年当時で四一USドル）程度しかないが、この副業では月に約五〇USドルほど稼いでいるという。

この副業が成り立っていたのは、第一に住民達のベトナム語識字能力の問題が挙げられる。筆者調査によれば、フータン社ソムロン区の二〇歳以上の男女四一九名中、公立学校に通った経験がない住民は八九人、小学校（ベトナムでは五年制）まで通った者は一七二人、中学校（ベトナムでは四年制）まで通った者は一一一人であった。公教育を受けていない者と小学校のみ通った者で過半数を占めているように、ソムロン区では、行政手続きに必要とされるベトナム語を十分に学んだ住民は少ない。高齢者であればあるほど、公教育を受けていない者が多い。言語の問題で行政手続きに支障が生じることを避けるため、住民達は、中学校まで学び、役人でもあるトンを頼りにしていたのであった。

第二に、非合法的な手段で越境し、帰国した住民についての行政手続きの知識をトンが有していたことが挙げられる。ベトナム、カンボジア両国で政治的混乱が生じていた一九七〇年代後半から一九九〇年代前半にかけてカンボジアへ移動し、その後帰郷した住民達は、非合法的に越境していたため、パスポートなど身分証明書を所持していなかった。たとえば一九九二年に五人の子供を連れプノンペンへ渡り、二〇一〇年に帰郷したトゥーン（一九四七〜）は、パスポートを所持せず、国境付近のティンビエン県の裏道を抜け、カンボジアへ渡ったと証言する。彼女は二〇一〇年にベトナムに帰国、駄菓子売りをしていたが、二〇一二年時点でベトナムの身分証明書をまだ所持していないと述べていた。

トゥーンは少なくとも二〇一六年一月時点でまだベトナムにとどまり続けていたが、いまだに両国を往復している住民も少なくない。越境する住民の管理が厳格化する昨今、トンのようにパスポート作成に関する知識を有する者が頼りにされるようになっている。トン自身、一九九〇年代前半に、パスポートを持たずに約一年半プノンペンへ出稼ぎに行った経験を有しており、住民達の状況に理解があることも、人々が彼に行政手続きの指南を依頼する理由となっていたと言えよう。

ベトナムとカンボジアという二つの国家の間に引かれた国境線は、二〇世紀後半における両国の政治的混乱によって機能不全に陥っていたため、住民達は近年までパスポートなしに両国を比較的自由に行き交うことができた。しかし、国境を越えて動いている人間、モノ、情報の統制は、年々強まりつつある。越境をめぐる住民と国家の間の駆け引きは、今のところ両者の媒介者を通じて展開されている。だが、この媒介者がどちらかに肩入れして、両者間で成立していた微妙な均衡が崩れた時、本書で言及してきたような民族問題が、再び顕在化するかもしれない。

おわりに

これまで一九世紀末から現代にかけ、ベトナム南部メコンデルタで生じてきた人の移動と、それに伴う地域社会の再編について、フータン社という一地域社会に焦点を当てて述べてきた。まず第一節では、フータン社の地域的特徴を説明した。クメール人、華人、ベト人の混住が顕著に進んできた同社では、民族的な混淆を意味する「混血」という概念が存在し、日常レベルでは、民族の可変性や曖昧性、重層性が許容されていた。続く第二節では、このような地域社会を生成した、経済移民、難民の受け入れの歴史をたどった。植民地時代の輸出米生産の拡大を背景に、国境を越えて移住してきた貧しき華人と在来のクメール人の通婚が進んでいたこと、その後に勃発したインドシナ戦争で、クメール人とベト人の対立が顕在化し、紛争地から避難民が流入してきたことを述べた。第三節では、インドシナ難民の問題を、フータン社で生じていた人口の流出入という観点から考察した。一九七〇年代後半のベトナムとカンボジア、中国の紛争と、社会主義政策の混乱を背景に、華人とクメール人への迫害、警戒が強まり、華人精米業者らが国外へ脱出していったこと、紛争下のベトナム―カンボジア国境にいたクメール人住民のフータン社への疎開が政府によって進められていたことを指摘した。そして第四節では、ベトナム―カンボジア国境の人、モノ、情報の越境の現状について述べた。一九七〇年代後半以降の経済的困窮などによってカンボジアへ移住したものの、近年では時折帰郷する人々の来歴や、日常的にカンボジアから流入するモノやメディアを受容してきた住民と、それを制御しようとする政府との間で生じている駆け引きについて具体的に紹介した。

二〇世紀後半、長期間にわたる戦争を経験したインドシナ諸国ほど、国民国家の存立が不安定であった地域は、同時代の世界各地を見渡しても稀有であろう。そこで起こった数々の理不尽な暴力や国策によって多くの人命が失われ、人々の日常生活が蹂躙され、家族や地域社会が離散を余儀なくされた。私達が自明のものとして考えている国民国家は、案外容易に崩れ去ってしまうものである。不安定な国民国家のなかで、紛争に翻弄され、国内の他地域や国外へ移住を余儀なくされた人々は、外部者から「難民」として一括りされてきた。本書は、その一面的なイメージを乗り越えるべく、メコンデルタの多民族社会に流入してきた、あるいはそこから立ち去って行った経済困窮者や避難民達が、移住先で新たな家族を形成し、生活の基盤を築き上げ、また故郷との関係も維持し続けるなど、その立場がめまぐるしく変遷していく様相を示した。

私達はたいていの場合、戦時下の社会は無秩序で、そこに平穏な日常はなく、人々は度重なる戦闘と物資の不足に喘ぎ苦しみ、民族や宗教を争点に憎しみ合っていると考える。このような困難な状況は、本書でも述べたように、確かにメコンデルタでは現実に起こっていた。しかし、政治的動乱によって人口の大規模な流出入が起こり、従来の地域の社会関係が成り立たなくなるほどの政治経済的危機が到来しても、崩れかけた地域社会を再編成し、不安定な状況を安定させようとする人々の動きは常にあった。

フータン社のような多民族社会のありようは、まさにこの再編の過程の繰り返しのなかで、生成されてきたことを明確に示している。統治者の目からすれば、そこは、捉えどころのない複雑な民族的状況を呈しており無秩序に見えるが、少なくとも平時においては、複数の価値観や民族帰属認識の併存や折衷が許容されてきた。二〇世紀のインドシナ諸国では、クメール人と華人、ベト人という存在を、国民国家と結びついた実体のある政治集団として捉えようとする風潮が強まり、民族に起因する暴力や迫害が数多く生じていた。しかし、この激動の時代においても、あるいはむしろこの時代ゆえに、人々は、生活の基盤を立て直すために時に国境を越えた広域的な地理的空間のなかを移動し、異なった民族や言語、宗教を背負った人々と積極的に関わり、混淆的な多民族社会を形成してきたのである。

だが、人々にとって民族や国家という存在が、一筋縄ではいかない問題であることもまた事実である。二〇世紀半ばにベトナムとカンボジアの間には人為的に国境線が敷かれたが、その後も越境する人々や、流入してくるモノや情報をフータン社の住民達は受容してきた。ここで言う住民達とは、クメール人であること自認している人々だけでなく、クメール語や上座仏教の世界のなかで生きてきた華人やベト人も含まれる。かれらからすれば、カンボジアという国家は、ベトナムと同様に見知らぬ外国ではなく、かれらと強く結びついた明確な実体であった。だからこそ、人々が、国境線を無視して移動したり、遠いタイ―カンボジア国境の紛争に強い関心を示すような状況が現在においても見られるのだと言えよう。

民族や国家という枠組みを越え、多様な価値観を受け入れてきた人々は、国境線内の政治的統合を目指す国家にとっては、忠誠心が疑わしい不穏な存在である。だが、フータン社という多民族社会をめぐって展開されてきた歴史を振り返るかぎり、かれらの存在が許容されるような状況が維持されることが、結果的には紛争の発生を防ぐ最善の策なのではないだろうか。

注

（1）一般的に海外に居住しながら中国籍を維持する住民は華僑、中国にルーツを持つが既に移住先の国籍を取得した住民は華人と定義される。しかし、本書では、華僑と華人を区別せず、まとめて華人としている。なぜなら、メコンデルタでは国民国家ベトナムが誕生して以降、中国出身者やその子弟の国籍変更が国家権力によって推進され［下條　二〇一五：三三一三六］、現在ではそのほとんどがベトナム国籍を取得しており、かれらがどの時期に華僑から華人になったのかを正確に把握することは困難であるからである。実際に現地の住民達も華僑と華人を区別していない。

（2）南進論とベト人の開拓を結び付けた代表的な論者として、ベトナム南部の郷土史家ソン・ナム［Sơn Nam 2009］が挙げられる。

（3）現ソクチャン省は、南ベトナム政府時代、バースエン省と呼ばれていた。

（4）ベトナム語の南部方言では末子音 ch が t に変化するため、北部方言では「ケーサイック（Kế Sách）」となる発音が「ケーサット」になる。

（5）米穀商人は、現地の言葉で「トゥーン・ラーイ（thương lái）」と呼ばれる。この言葉は、漢越語（漢字起源のベトナム語）で「商」を意味する「トゥーン」と、ベトナム語固有語で「行商人」を意味する「ラーイ」の合成語で、フータン社では元々華人商人に対する名称であった。歴史家リー・ターナーは、「ラーイ」が大規模な交易を行なう富裕な商人に対して用いられ、また「操縦する」という意味もあるため、元々は大型の交易船を操縦していた商人に使われた言葉であったのではないかと大胆な推測をしている［Li 2004: 74］。

（6）フータム社を調査した高田によると、関帝廟は、一九二八年に華人によって建てられた。創建者は財産を放出し、インド人に借金をして、市場の近くにあった小さな廟の建設に努めたという［高田　一九九九：一二］。

（7）コン（công）は、ベトナム南部で広く使われている農地規模の単位。一コン＝約〇・一三ヘクタール。

（8）一九六七年のフータン社、フータム社に関する、英語で書かれた地誌によると、当時、両社に居住する計二五〇〇家族のうち、一二二家族が、ソクチャン省ロンフー県とケーサット県からの避難民であった。かれらは、それぞれ分散して居住していたという［Anonymous 1967: 1］。

（9）メコンデルタで農業集団化が推進されていた当時のフータン社の農地関係や経済活動については、拙著［下條　二〇一四］でより詳細に述べている。

（10）九～一二世紀に建立されたヒンドゥー寺院遺跡。二〇〇八年に世界遺産に登録された。この遺跡の帰属をめぐり、長年、カンボジアとタイの間で領有権問題が生じていた。

（11）「クマエ・カンプチア・クロム連合」など、複数の政治団体が存在し、主にインターネットを通じてベトナム政府を批判している。

参考文献

アンダーソン、ベネディクト（白石隆、白石さや著）
二〇〇七『定本　想像の共同体――ナショナリズムの起源と流行』書籍工房早山。
伊藤正子
二〇〇八『民族という政治――ベトナム民族分類の歴史と現在』三元社。
片岡　樹
二〇〇七「ラフであることの本質？――東南アジア大陸部山地民の民族既存認知における柔軟性をめぐって」『文化人類学』七一（四）：四三七―四五六。
小林　知
二〇一一『カンボジア村落世界の再生』京都大学学術出版会。
下條尚志
二〇一四「メコンデルタにおける支配をめぐるせめぎあい――地域社会の人々のローカル秩序と回避の「場」」『東南アジア研究』五一（二）：二二七―二六六。
二〇一五「脱植民地化過程のメコンデルタにおけるクメール人の言語・仏教・帰属」『アジア・アフリカ地域研究』一五（一）：二〇―四八。
白石昌也
一九九三『東アジアの国家と社会5　ベトナム――革命と建設のはざま』東京大学出版会。
高田洋子
一九九九「ソクチャン省農村女性の生活アンケート調査報告」『メコンデルタ農村女性の社会開発における役割の研究――女性の生活実態調査に基づく開発援助の可能性』高田洋子（編）、財団法人 国際開発高等教育機構 FASID、三一―三六。
二〇〇五「ベトナム領メコンデルタにおける民族の混淆をめぐる史的考察――ソクチャンの事例から」『階層・移動と社会・文化変容』奥山眞知・田巻松雄・北川隆吉（編）、文化書房博文社、一二一―一四一。
中西裕二
二〇一四『メコンデルタの大土地所有――無主の土地から多民族社会へ　フランス植民地主義の八十年』京都大学学術出版会。

二〇〇五　「ベトナム南部・ソクチャン省D村における親族集団と民族範疇――「クメール人」のプム（Phum）の形成過程から」『民俗文化の再生と創造――東アジア沿海地域の人類学的研究』三尾裕子（編）、風響社、二四三―二六〇。

古田元夫
二〇〇九　『ドイモイの誕生――ベトナムにおける改革路線の形成過程』青木書店。

古屋博子
二〇〇九　『アメリカのベトナム人――祖国との絆とベトナム政府の政策転換』明石書店。

（欧文）

Anonymous
1967　Report on the Situation of Phu Tam Village, Thuan Hou District, Ba Xuyen Province. Texas Tech University, The Vietnam Center and Archive.

Baurac, J. C.
1894　*La Cochinchine et ses Habitants (Provinces de L'ouest).* Saigon: Imprimerie Commerciale Rey, Curiol & Cie.

Chanda, Nayan
1986　Brother Enemy, the War after the War: A History of Indochina since the Fall of Saigon. Orlando, Florida: Harcourt Brace Jovanovich, Publishers.（邦訳、ナヤン・チャンダ著、友田錫・滝上広水訳、一九九九『ブラザーエネミー――サイゴン陥落後のインドシナ』めこん、一九九九年）

Chandler, David
2008　A History of Cambodia Fourth Edition. Philadelphia, PA: Westview Press.

Li Tana
2004　"The Late-Eighteenth- and Early-Nineteenth-Century Mekong Delta in the Regional Trade System," in Nola Cooke & Li Tana (eds.) *Water Frontier: Commerce and the Chinese in the Lower Mekong Region, 1750-1880.* Singapore: Rowman & Littlefield Publishers, Inc., pp. 71-84.
2005　"The Eighteenth-Century Mekong Delta and Its World of Water Frontier," in Nhung Tuyet Tran & Anthony Reid (eds.) *Việt Nam: Borderless Histories.* Madison: The University of Wisconsin Press, pp. 147-162.

Schrock, Joann L., William Stockton, Jr., Elaine M. Murphy and Marilou Fromme（本文では Schrock et. al. と表記）

1966 *Minority Groups in the Republic of Vietnam.* Washington, D.C. Cultural Infomaion Analysis Center, The American University.

Société des Études Indo-Chinoises

1904 *Géographie Physique, Économique et Historique de la Cochinchine: Fascicle 11 Monographie de la Province de Sốc-Trăng.* Saigon: Imprierie Commerciale Ménard & Rey.

Taylor, Philip

2014 *The Khmer Lands of Vietnam: Environment, Cosmology and Sovereignty.* Singapore: NUS Press and Nias Press.

（ベトナム語、クメール語）

Ban Chỉ Đạo Tổng Điều Tra Dân Số và Nhà Ở Trung Ương（BCĐTĐT と省略、中央人口・住居総調査指導委員会）

2010 *Tổng Điều Tra Dân Số và Nhà Ở Việt Nam Năm 2009: Kết Quả Toàn Bộ*（二〇〇九年ベトナム人口・住居総調査―全体結果）. Hà Nội（ハノイ）: Nhà Xuất Bản Thống Kê（統計出版局）.

Bộ Giáo Dục và Đào Tạo（教育訓練省）

2010 *Pheasa Khmaer: Pheak Ti Bey*（クメール語―第二巻）. Nhà Xuất Bản Giáo Dục Việt Nam（ベトナム教育出版局）

Công Văn UBND Xã（社人民委員会公文書）

2011a Bảng Tổng Hợp Toàn Số, Khẩu（全人口総合表）.

2011b Giấy Phép Nhập Khẩu Văn Hóa Phẩm（文化物輸入許可証）.

Sơn Nam

2009 *Biên Khảo Sơn Nam: Lịch Sử Khẩn Hoang Miền Nam*（ソン・ナム著作集：南部開墾の歴史）. TP. HCM（ホーチミン市）: Nhà Xuất Bản Trẻ（若者出版）.

Trương Văn Nam

1969 *Địa Phương Chí Tỉnh Ba Xuyên*（バースエン省地方誌）. Ba Xuyên（バースエン）: Nhà In Nguyễn Huệ Ba Xuyên（バースエン・グエンフエ印刷所）.

Vũ Lân (Chủ Biên), Phương Hạnh, Bạch Mai（本文では Vũ Lân et. al. と表記）

1988 *Xã Phú Tân Đất Nước Con Người*（フータン社、国土と人）. Hậu Giang（ハウザン）: Ban Chấp Hành Đảng Bộ và UBND Huyền Mỹ Tú – Hậu Giang（ハウザン省ミートゥ県党機関執行委員会および人民委員会）.

略年表

年	ベトナム	カンボジア
1887	仏領インドシナの成立。	
1941	日本軍がコーチシナ（現ベトナム南部）、カンボジアに進駐。	
1945	日本軍が降伏、ベトミンが一斉に蜂起。	
1946	インドシナ戦争の勃発。	
1954	ジュネーヴ協定により、南北ベトナム、カンボジア、ラオスのフランスからの独立が正式に承認される。	
1975	ベトナム戦争が終結、統一ベトナム、カンボジア、ラオスに共産党政府が誕生。	
1978	ベトナム軍のカンボジア侵攻。	
1979	中越戦争の勃発。	ポル・ポト政権の崩壊。親ベトナム政権の誕生。
1986	ドイモイ（刷新）政策により、市場経済が導入される。	
1989	カンボジアからベトナム軍が撤退。	
1992		UNTAC（国連カンボジア暫定統治機構）の介入。
1993		UNTAC 監視下で総選挙、カンボジア王国が誕生。
1995	ASEAN（東南アジア諸国連合）に加盟。	
1999		ASEAN に加盟。

（出所）筆者作成。

あとがき

人々の経験に関する語りを通じて、20世紀ベトナム、さらには東南アジアの社会史、政治史をどのように描き直すことができるのか。人々の語りが史料として信頼できるかどうか、とりわけ歴史学において否定的な見解が多数あることを承知しつつ、それでもこの問いを模索し続けてきた。というのも、実際に長期のフィールドワークにおいて150世帯以上を対象に得られた語りから、文献史料の記述を問い直しうる無数の歴史が存在していることを確信するに至ったからである。本書は、そのことを示すためのささやかな試みであり、極力、人々の語りを叙述の中心に据えることを心掛けた。

メコンデルタ農村で長期の住み込み調査を行おうとする私の無理難題が実現できたのは、ファン・ティ・イエン・トゥエット先生の存在に他ならない。トゥエット先生は、伝手もなく時間の限られた私のような外国人研究者のために尽力してくださり、とても心強い存在であった。また、フィールドワークを行ったフータン社では、私を受け入れてくれたトンさん一家に、数えきれないほどの恩を感じている。幸運にも、私はトンさんという、役人であり、上座仏教寺院の役職者であり、また華人としてのアイデンティティも持つ複雑な背景を持った人物の家で寝食を共にさせてもらっていた。彼との関わりが、ベトナムにおける社会と国家の関係についての私の基本的な認識を形作っている。まるで息子がもう1人増えたかのように、食べきれないほどの手料理を毎日作ってくれた妻のピンさんや彼女の父親ペンさんもまた、地域社会の過去や現在の問題について自由闊達に話してくれた。あれほどふんだんにマンゴーを食べられることは、この先もうないだろう。毎日のように、下手なクメール語で話しかける私と世間話をしてくれた心優しく穏やかなペンさんは、昨年2015年に家族にみとられながら静かに亡くなった。ペンさんをはじめ、本書で紹介したインフォーマントのうち何人かはすでに鬼籍に入っている。

上記に挙げた人々の他、多数の方々の協力のおかげで本書は成り立っており、決して私1人の力では完成させることができなかった。最後に、かれらとの出会いを可能にした留学と本書執筆の機会を与えてくださった松下幸之助記念財団には心から感謝の言葉を申し上げます。

著者紹介
下條尚志（しもじょう　ひさし）
1984年、東京都生まれ。
京都大学大学院アジア・アフリカ地域研究研究科博士課程修了。博士（地域研究）。
現在、京都大学東南アジア研究所機関研究員。
主な論文に「メコンデルタにおける支配をめぐるせめぎあい——地域社会の人々のローカル秩序と回避の「場」」（『東南アジア研究』第51巻2号）、「脱植民地化過程のメコンデルタにおけるクメール人の言語・仏教・帰属」（『アジア・アフリカ地域研究』第15巻1号）などがある。

戦争と難民　メコンデルタ多民族社会のオーラル・ヒストリー

2016年10月15日　印刷
2016年10月25日　発行

著　者　下條　尚志
発行者　石井　雅
発行所　株式会社　風響社

東京都北区田端4-14-9（〒114-0014）
Tel 03（3828）9249　振替00110-0-553554
印刷　モリモト印刷

ISBN987-4-89489-790-8　C0022